かわいい

# はじめてでも絶対作れる！

# 推しぬい ぬい服

制作 **グッズプロ**

監修 **まろまゆ／たきゅーと**

西東社

# 推しぬいを作ろう！

## 1

### ぬいのサイズ、顔の表情、髪型を決める

作りたいぬいの大きさを小（10cm）・中（15cm）・すわり（13cm）の3種類から選びます。次に図案をもとに表情をどんな風にするかを決めます。最後に決めるのは髪型。ボディと一緒に作るので、ボディを作り始める前に髪型を決めます。髪色も重要ポイント！　手芸用品店、通販サイトで推しに近い色の布を選びましょう。

### この本のいいところ

- ✦ サイズは選んで作れる3種類
- ✦ 多彩な表情が表現できる刺しゅう図案が載っている
- ✦ 作れる髪型がたくさん！　前髪を変えて自由にアレンジも可能

## 2

### ボディを作る

下準備が済んだら、さっそく作ります。型紙通りに生地を切るところから始めます。表情の刺しゅうも基本のページを見ながらチャレンジ！髪型も一緒に作っていくので、手順の説明と写真を見ながら進めましょう。ぬい方に迷ったら、ぬい方の基本のページもチェック！

### この本のいいところ

- ✦ 写真がとっても大きくてわかりやすい
- ✦ 上手に作るポイントがたくさん載っている
- ✦ 手ぬいの基本がていねいに解説されている

推しぬい作りは意外と簡単！
この本で紹介している作り方でチャレンジしてみましょう！

世界でたったひとつの
"推しぬい"が完成！

# 3

# 洋服を作る

ボディができあがったらいよいよ洋服作り！　着せたい洋服を決めて生地を用意したら、型紙を使って布を切り、ぬっていきます。とっても簡単なので、生地の素材や柄違いでいくつも作って、お気に入りを着せてあげましょう。ボタンやリボンでアレンジも可能です。

## この本のいいところ

◆ 作り方がわかりやすい

◆ きれいに仕上げるコツがいっぱい

◆ アレンジもできて楽しい

# Contents

# PART 1
# ボディと表情の作り方

## この本の作り方について

◆作り方の手順写真では、見やすいように型紙のラインは黒ペンで、糸色は見えやすいもの（赤など）にしています。実際は後で消えるチャコペン、布に合った糸色で作ってください。

◆ぬい方やわたのつめ方、使う生地ののび方によって、仕上がりに誤差が出る場合があります。寸法などは目安として参考にしてください。

◆作例の刺しゅうは機械で刺しゅうをしています。手刺しゅうのやり方は36〜39ページを参照してください。

# PART ②

## 髪型の作り方

# PART ③

## 洋服の作り方

# 推しぬいコレクション

かっこよくキメた
推しを見るのが幸せ…！

**写真左**
| | |
|---|---|
| ボディ | 中サイズ(P51) |
| 髪型 | 無造作ヘア(P80) |
| 洋服 | Tシャツ(P96) |
| | オーバーオール(P117) |
| | くつ(P125) |

**写真右**
| | |
|---|---|
| ボディ | 小サイズ(P40) |
| 髪型 | けもみみ(P93) |
| 洋服 | Tシャツ(P98) |
| | ズボン(P113) |

洋服　パーカ〈かぶれるタイプ〉(P99)

おそろの洋服で
仲良し♡

写真左
ボディ　小サイズ (P40)
髪型　おだんご (P86)
洋服　Tシャツ (P98)
　　　ズボン (P113)

写真右
ボディ　すわり (P61)
髪型　三つ編み (P90)
洋服　Tシャツ (P96)
　　　スカート (P110)
　　　パンツ (P123)

7

ボディ　すわり (P61)
髪 型　ボブ (P79)
洋 服　着ぐるみすわり用
　　　　(P107)

ボディ　すわり (P61)
髪 型　ツンツン (P61)
洋 服　Tシャツ (P96)
　　　　オーバーオール (P119)

おすわりは
おうちシチュエーションにぴったり☆

かわいくコーデしよう♡

写真左
ボディ　中サイズ (P51)
髪型　ツインテール (P84)
洋服　ポンチョ (P109)
　　　Tシャツ (P96)
　　　スカート (P110)
　　　パンツ (P120)
　　　くつ (P125)

写真右
ボディ　中サイズ (P51)
髪型　ポニーテール (P88)
洋服　ワンピース (P111)
　　　パンツ (P120)
　　　くつ (P125)

写真左
ボディ　中サイズ (P51)
髪型　ショート (P40)
洋服　Tシャツ (P96)
　　　ズボン (P113)
　　　くつ (P125)

写真右
ボディ　中サイズ (P51)
髪型　マッシュ (P74)
洋服　Tシャツ (P96)
　　　ズボン (P113)
　　　くつ (P125)

写真左
ボディ　小サイズ (P40)
髪型　オールバック (P78)
洋服　Tシャツ (P98)
　　　ズボン (P113)

写真中
ボディ　小サイズ (P40)
髪型　丸刈り (P76)
洋服　Tシャツ (P98)
　　　ズボン (P113)

写真右
ボディ　小サイズ (P40)
髪型　ウェーブ (P83)
洋服　Tシャツ (P98)
　　　ズボン (P113)

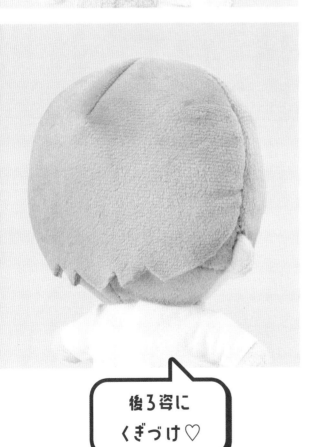

後ろ姿に
くぎづけ♡

## 大きめも小さめも どっちもかわいい！

私もいっしょに
行きたいよ～！

写真左
ボディ　中サイズ (P51)
髪　型　インテーク (P51)
洋　服　パーカ〈かぶれるタイプ〉(P99)
　　　　ズボン (P113)

写真右
ボディ　小サイズ (P40)
髪　型　おだんご (P86)
洋　服　Ｔシャツ (P98)
　　　　ズボン (P113)

写真下
髪　型　ロング (P82)

ボディ　すわり(P61)
髪型　ショートパーマ(P81)
洋服　Tシャツ(P96)
　　　ズボン(P115)

外でも部屋でも、
推しといっしょにいたい！

ボディ　中サイズ(P51)
髪型　ツーブロック(P77)
洋服　パーカ〈かぶれないタイプ〉(P102)
　　　ズボン(P113)

# ぬい作り Start!

さぁ、あなたの "推しぬい作り" を始めましょう！

## Step.1 イメージをふくらませる

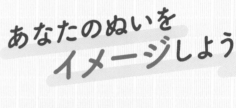

### 作りたい "推し" を観察しよう

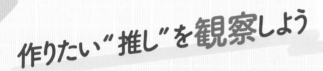

ぬいのデザインを考えるときは "ちびキャラ"、"ミニキャラ" と呼ばれるデフォルメイラストを参考にするとGOOD！ 似顔絵などを参考にするのもいいですね。

デフォルメされたイラストや似顔絵の顔は、簡略化されているけれど、特徴がしっかり残っているものを参考にしましょう。

### あなたのぬいをイメージしよう

次に "推し" がぬいになった姿をイメージしましょう。

この本で作れるぬいは、デフォルメがきいたかわいい2頭身。お顔もまんまるなので、推しがぬいになった姿をイメージして、表情・髪型を考えてみましょう。

# Step.2
# 大きさ、形を決める

小サイズ
（約10cm）

## 3種類から選ぼう

　この本で作れるのは、手に乗る小サイズ（約10cm）と、それよりひと回り大きい中サイズ（約15cm）、すわらせることができるすわりタイプ（約13cm）。どれも一緒にお出かけするのにぴったりなサイズで、中サイズはくつを履かせれば立たせることも可能です（髪型によっては立たない場合があります）。

　すわりの頭と体は中サイズと同じ大きさで、足を前に出した形。すわらせて飾ったり、お出かけ先で景色のいいところにすわらせて写真を撮ったりするのに最適です。好みのサイズを選びましょう。

中サイズ
（約15cm）

## 初心者はまず小サイズから

　3つのタイプはどれも作り方が簡単なので、ぬい作りが初めての人でも好きなものを選んでチャレンジできます。

　なかでも、より簡単にできるのが小サイズ。体のパーツが少なく、ぬう部分も少ないので短時間で作ることができます。中サイズ、すわりは小サイズよりは少しだけパーツが多いですが、シンプルな作り方は変わらないので初心者でも安心です。

すわり
（約13cm）

# Step.3
# 表情を決める

## 推しの特徴的な表情、好きな表情を探そう

　まずは、あなたの「推し」がいつもどんな表情をしているかよく観察しましょう。とくに特徴的な表情があれば、それをデフォルメした顔にすると、より「推し」らしくなります。

### 目の種類別表情パターン集

※中サイズ、すわりはそのまま布に写して使えます。
小サイズは70%程度に縮小して写しましょう。

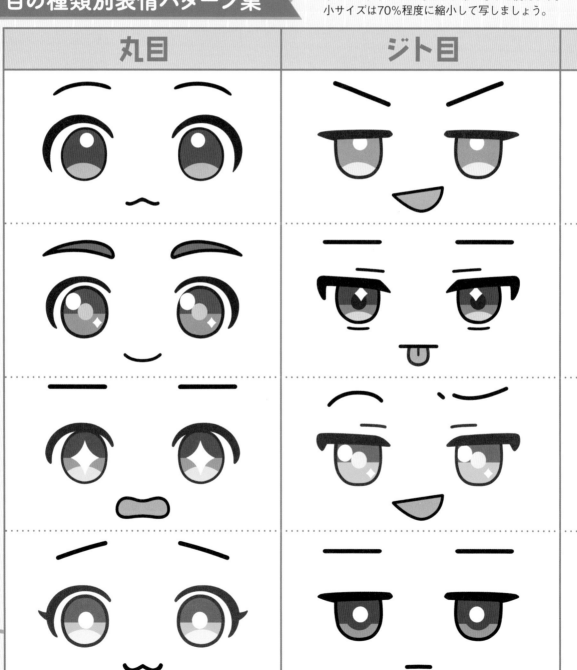

| 丸目 | ジト目 | |
|---|---|---|

## やっぱり大事なのは目！目から表情を作っていこう

　表情作りは目がいちばんのポイント。特徴を大きく分けると、丸目・ジト目・つり目・たれ目の4種類になります。目を決めたら、眉毛の角度や、口の開き方との組み合わせで、作れる表情は無限大！

## パーツの組み合わせで表情を考えよう

　下の表情パターンで使われている目や眉毛、口のパーツを自分で組み合わせてみましょう。トレーシングペーパーなどに写し取りながら組み合わせると簡単です。

| つり目 | たれ目 |
|---|---|

# Step.4
# 髪型を決める

## まずは型紙から「推し」に近いものを探そう

この本では17種類の髪型の型紙を用意しています。まずはあなたの「推し」に近い髪型を探してみましょう。前髪・後ろ髪の長さ、もみあげの形など、できるだけ近いものを見つけたら、まずはそのまま作ってみるのがおすすめです。

## 布の素材を選ぼう

髪の毛に使う布は、端を切りっぱなしにするのでほつれにくいものを選びましょう。この本ではソフトボアを使用しています。もちろん他の素材を使ってもOKですが、髪の毛は顔よりも毛足が長い布地を使うと、かわいく仕上がります。

## 布の色を選ぼう

「推し」の髪型とできるだけ近い色の布地を探してみましょう。この本で使っているソフトボアにはたくさんの色がそろっていますが、ほかの布でもいいでしょう。ベースと違う色の布をカットして貼ってツートンカラーにしたり、髪の内側の色を変えてインナーカラーにするのもおすすめ（94ページ参照）。

## 「推し」に近づけてアレンジしよう

型紙を使ってみて、「もっと推しに近づけたい！」と思ったら、自分なりにアレンジしてみましょう。型紙を反転させて使ったり、髪の長さを短くカットしたり、毛先の形をカットして変えてもOK。さらに細長い葉っぱ型や三日月型にカットした布を毛束に見立てて貼り、毛の流れをつけるのもおすすめです（94ページ参照）。

この本の型紙で作れる

# ヘア カタログ

Front

Back

前髪パターンは
2種類！

貼る
タイプ

ぬい込む
タイプ

※前髪パターンによって、顔の型紙は主に「顔A」「顔B」を使い分けます。

## ショート

| 前髪 | センター長め |
| --- | --- |
| 後ろ髪 | 短めシンプル |
| 使った布色 | ラベンダー |
| 作り方 | 40ページ |

Front

Back

Front

Back

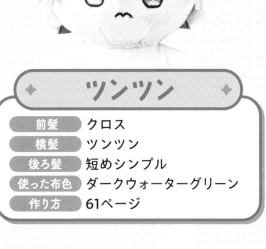

## インテーク

| 前髪 | インテーク |
| --- | --- |
| 後ろ髪 | 耳下外ハネ |
| 使った布色 | オーカー |
| 作り方 | 51ページ |

## ツンツン

| 前髪 | クロス |
| --- | --- |
| 横髪 | ツンツン |
| 後ろ髪 | 短めシンプル |
| 使った布色 | ダークウォーターグリーン |
| 作り方 | 61ページ |

**Front**

 **Back**

 **Front**

## マッシュ

| 前髪 | 重め＋毛束 |
|---|---|
| 横髪 | 軽めニュアンス |
| 後ろ髪 | ニュアンス後ろ髪 |
| 使った布色 | ディムグレー |
| 作り方 | 74ページ |

## 丸刈り

| 前髪 | 丸刈り |
|---|---|
| 後ろ髪 | なし |
| 使った布色 | ペールグレー |
| 作り方 | 76ページ |

 **Front**

 **Back**

 **Front**

 **Back**

## ツーブロック

| 前髪 | 短め |
|---|---|
| 横髪 | 長めツンツン |
| 後ろ髪 | ツーブロック |
| 使った布色 | オレンジ・トープグレー |
| 作り方 | 77ページ |

## オールバック

| 前髪 | オールバック＋毛束 |
|---|---|
| 後ろ髪 | 長め外ハネ |
| 使った布色 | ゴールデンイエロー |
| 作り方 | 78ページ |

**Front**

**Back**

**Front**

**Back**

### ボブ

| | |
|---|---|
| 前髪 | サイド厚め＋あほ毛 |
| 後ろ髪 | ボブ |
| 使った布色 | ティーブラウン |
| 作り方 | 79ページ |

### 無造作ヘア

| | |
|---|---|
| 前髪 | 無造作 |
| 横髪 | 無造作 |
| 後ろ髪 | 無造作 |
| 使った布色 | イエローグリーン |
| 作り方 | 80ページ |

**Front**

**Back**

**Front**

**Back**

### ショートパーマ

| | |
|---|---|
| 前髪 | アシンメトリー |
| 横髪 | 軽めパーマ |
| 後ろ髪 | 軽めパーマ |
| 使った布色 | ワインレッド |
| 作り方 | 81ページ |

### ロング

| | |
|---|---|
| 前髪 | ななめ |
| 後ろ髪 | ロング |
| 使った布色 | ショッキングピンク |
| 作り方 | 82ページ |

Front

Front

Back

Back

## ◆ ウェーブ ◆

| 前髪 | センターロング |
|---|---|
| 後ろ髪 | ウェーブ |
| 使った布色 | アクアブルー |
| 作り方 | 83ページ |

## ◆ ツインテール ◆

| 前髪 | 真ん中分けパッツン |
|---|---|
| 後ろ髪 | ツインテール |
| 使った布色 | レッド |
| 作り方 | 84ページ |

Front

Back

Front

Back

## ◆ おだんご ◆

| 前髪 | パッツン |
|---|---|
| 後ろ髪 | おだんご |
| 使った布色 | バイオレット |
| 作り方 | 86ページ |

## ◆ ポニーテール ◆

| 前髪 | おくれ毛 |
|---|---|
| 後ろ髪 | ポニーテール |
| 使った布色 | インディゴ |
| 作り方 | 88ページ |

Front
Back

## 三つ編み

| 前髪 | センター分け |
|---|---|
| 後ろ髪 | 三つ編み |
| 使った布色 | モスグリーン |
| 作り方 | 90ページ |

Front
Back

## けもみみ（イヌ）

| 前髪・後ろ髪 | 好きな髪型の頭頂部にぬい込んでつける ※写真はショート |
|---|---|
| 使った布色 | ライトブラウン |
| 作り方 | 93ページ |

# 髪型をかっこよく仕上げるアドバイス

### 「ぬい込むタイプ」の前髪は
### きれいに仕上がる！

「ぬい込むタイプ」は頭に前髪を一緒にぬい込むので、形がきれいに仕上がります。ただ布が厚くなり、少しぬいにくい場合があるので、ひと針ずつぬい進めましょう。

### 「貼るタイプ」は
### あとから調整可能！

「貼るタイプ」は前髪を別に作って、最後に額に貼りつけます。できあがった頭に貼るので、位置や形を調整しやすく、他の前髪と組み合わせるのも簡単です。

### 髪の色、前髪と後ろ髪は
### 自由に組み合わせて！

この本で紹介している髪型は、基本的には前髪と後ろ髪のパーツが別々になっているので、後ろ髪のデザインを変えたり、前髪の切り込みや角度を変えたりしてアレンジOK！　もちろん布の色も、推しに合わせて選んでOK。自由に作りましょう！

# Step.5
# デザインを整える

## 描いてみてイメージを固めよう

これまでイメージしてきたあなたの「推し」を、絵に描いてみて具体的にしていきます。16〜17ページで選んだ表情、19〜23ページで選んだ髪型を、下のデザインプレートに書き込んでみましょう。できればカラーペンなどで色も書き込むと、より具体的になります。

## 着せたい洋服も考えよう

この本には洋服の型紙も掲載し、作り方も説明しています。Tシャツやズボン、スカートのようなベーシックなものは、えりやボタンをつけたり、レースや細紐などを貼ったりしてアレンジすれば、あなただけのオリジナルに。布地の素材次第で、冬物にしたり夏物にしたり。「推し」に似合う洋服を考えてみましょう。

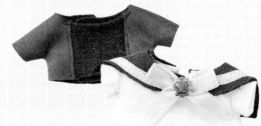

### 小サイズの顔

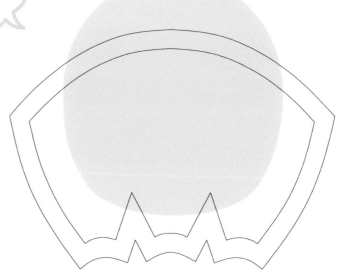

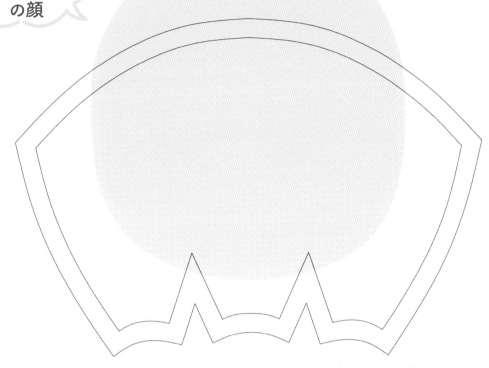

## 中サイズ・すわりの顔

# パソコンでデザインをサポート！

16～17ページの目、眉、口の表情パターンのイラストと、
顔の型紙を使って、顔のデザインを組み立ててみましょう。

①パソコンで下記の URL にアクセス、表情パター
ンのイラストデータと顔の型紙のデータをダウ
ンロードします。
ダウンロード用URL
https://www.seitosha.co.jp/oshinui_nuifuku.html

②りんかくガイド入りの顔の型紙のデータの上
に、好みの髪型のイラストを重ね、眉毛・目・
口のパーツを配置して表情を作ってみましょう。
ダーツの上にはパーツを置かないようにします。
絵を描くのが苦手でもかんたんに表情づくりが
できます。

※ダウンロードできるイラストおよび型紙は、本書ご
購入者様の推しぬい作りのサポート用として配布す
るものです。第三者に配布や譲渡すること、営利目
的で使用することはかたく禁止します。

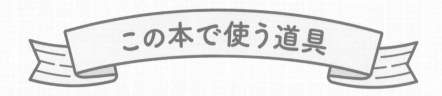

# 推しぬい作りの基本

## この本で使う道具

### 手ぬい針・刺しゅう針
ボディや髪の毛、洋服には手ぬい用針、顔の刺しゅうには刺しゅう針を使う。頭とボディをつなげるには、長めのぬいぐるみ針が便利。

### 手芸用接着剤（手芸のり）
髪の毛のほか、布を貼るときに使う。

### チャコペン
型紙を布に写すときに使う。布に書いたときにわかる色、またあとで消えるものならなおよい。

### 仮どめクリップ・マチ針
布と布を合わせてぬうために仮止めするときに使う。

### 手芸用はさみ
布を切るためのはさみ。布に切り込みを入れたり、糸切り用としても使える。

### グルー・グルーガン
グルーは樹脂を熱で溶かすことで接着ができる道具。髪の毛を額に貼りつけるときなどに、手芸用接着剤の代わりにあると便利。

### リッパー
ぬい目をほどくときにあると便利。

### アイロン
ぬいしろで折り返すときに、アイロンをかけておくとぬいやすい。

### 手芸用鉗子
ぬい終わったものを表に返すときや、わたをつめるときにあると便利。竹串・目打ちなどでも代用できる。

# この本で使用する材料

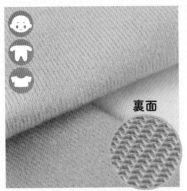

## ナイレックス

毛足が短く、さらっとした手触り。薄いので小さなぬい向き。ほつれにくいので端の処理をしなくても使える。

裏面

## ソフトボア

ナイレックスより毛足が長く、ふわふわとした手触り。ほつれにくいので端の処理をしなくても使える。

裏面

## プリント生地など

洋服はプリント生地のほか、コーデュロイやボアのような肌触りの違う布を使ってもよい。

## フェルト・レザー・コルクなど

フェルトやレザーは、くつを作るのにも向いている。コルクはこの本ではくつの底として使用する。

## ボタン・レース・ゴム紐など

ベースの洋服に貼り付けるだけでアレンジが可能。リリヤン糸のような細いものも便利。

## 手芸わた

ぬいの体につめて使う。手芸店のほか、100円均一ショップなどでも手に入る。

## アイロン接着シート

布と布の間に挟んでアイロンで熱すると2枚を貼り合わせることができるシート。

## 手ぬい糸・刺しゅう糸

手ぬいする体や髪の毛、洋服には手ぬい糸。布色に近いものを選ぶ。顔の刺しゅうは刺しゅう糸を使用。

## 薄型面ファスナー

貼るタイプとぬいつけるタイプがある。ギザギザのほうがオス、やわらかいほうがメス。この本では貼るタイプを使用。

## 刺しゅうシート

表情の刺しゅうをする際に使う。水で溶けるものが便利。

## ペレット

すわりタイプの体に入れて重りにする。編み目の細かな袋などに入れて使うと散らばらない。

# 手ぬいの基本の"き"

この本では基本的に手ぬい（2本取り）で進めていきます。

※ただし、イラストはすべてわかりやすいように1本取りで説明しています。

 針に糸を通したら、糸端にコブを作ってぬった糸が抜けないように玉結びをします。

**①**

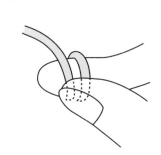

人さし指に糸端を巻きつける。

**②**

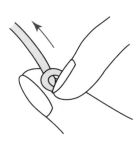

人さし指と親指をこすり合わせるようにして糸を絡ませ、糸が交差した部分を指で押さえる。

**③**

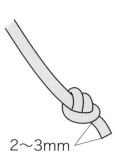

2〜3mm

そのまま糸を引っ張ると、コブのような結び目（玉結び）ができる。糸端は 2 〜 3 mm 残して切る。

**玉どめ** ぬい終わったら糸が抜けないように玉どめをします。目立たないように布の裏側で玉どめするようにしましょう。

**①** （裏）

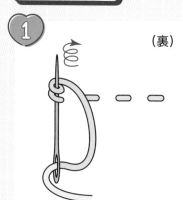

ぬい終わりの位置に針を置いて、針に糸を 2 〜 3 回巻く。

**②** （裏）

押さえる

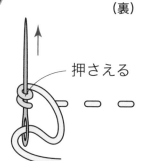

巻きつけた糸をしっかり引いてぬい目のごく近くに集め、その部分を針を持っていないほうの手の親指でしっかり押さえる。

**③** （裏）

針をそのまま引き抜くと結び目（玉どめ）ができる。糸端は 2 〜 3 mm 残して切る。

## 本返しぬい

ひと針ずつ返しながら、針目の間をあけずにぬいます。表からはミシンの針目のように見え、とても丈夫です。この本では本ぬいをこのぬい方でぬいます。

（表）

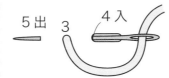

（表）

（表）

ぬい始めの位置から一目分先で布の裏から表へ針を出し、一目分戻ったところに刺す。二目分先に針を出す。

①で針を出したところに一目分戻る。

①〜②を繰り返す。

## なみぬい

布の表と裏で等間隔のぬい目が同じように見えるぬい方で、この本では仮ぬいの際に使います。

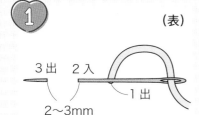

（表）

布の裏から針を出し、一目分先へ刺す。一目分先で裏から表に針を出す。

（表）

①を繰り返す。

## コの字とじ

表にぬい目が出ないように、コの字を描くように布どうしをぬい合わせるぬい方。この本では頭と体のパーツをぬい合わせる際に使います。

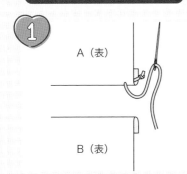

A（表）

B（表）

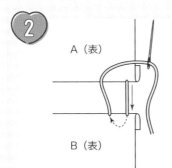

A（表）

B（表）

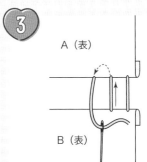

A（表）

B（表）

ここではAとBの布をぬい合わせる。Aの布の裏から表に針を出す。

①で出した針を、まっすぐ下のBの布に刺して、すぐ横から出す。

Bで出した位置のまっすぐ上のAの布に刺す。同じように繰り返す。

# 布の準備

## 型紙の写し方

この本についている型紙を、布に写し取って使いましょう。ここではわかりやすいように油性ペンを使いましたが、あとで消えるチャコペンなどがおすすめです。

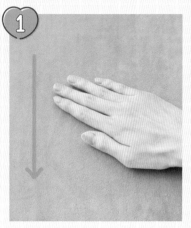

**①** 生地を引っ張ってみて、よく伸びるのが横。型紙にある矢印が縦方向という印。ソフトボアのような生地はなでてみて、さらっと手がすべる方向で布の上下がわかる。

**②** 使いたい型紙の外側の線（断ち切り線）でカットする。同じものを何度も作りたい場合は、型紙をコピーして使うとよい。

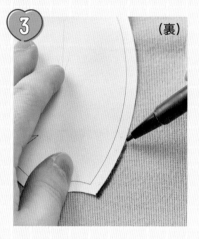

（裏）

**③** 布の裏側に矢印の方向を合わせて型紙を置き、しっかり押さえながら型紙の周りに沿ってなぞる。髪の毛の一部はソフトボア2枚を貼り合わせてから型紙を写し、切る（右ページ参照）。

※このとき型紙を両面テープで貼っておくとずれにくい。

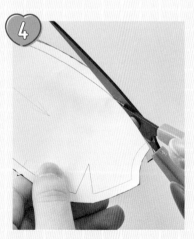

**④** 型紙の内側の線（仕上がり線）で、型紙をカットする。

**⑤** ③で書いたラインの5mm内側に④の型紙を置き、型紙の周りに沿ってなぞる。この線が仕上がり線になる。

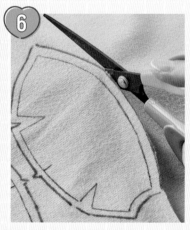

**⑥** 合印やダーツ（次のページ参照）も正確に写し取って、型紙が写せたら外側の線（断ち切り線）をカットする。

# 布2枚の接着の仕方

この本では髪の毛は基本的に（後頭部や額以外）は、ソフトボア2枚をアイロン接着シートで貼り合わせたものを使います。貼り合わせてから型紙を写しましょう。

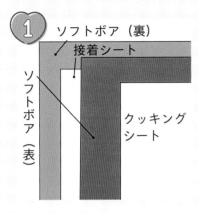

**①** ソフトボア（裏）／接着シート／ソフトボア（表）／クッキングシート

ソフトボア（表を下に）、アイロン接着シート、ソフトボア（表を上に）の順に重ねて、上にクッキングシートなどを置く。

**②** 中温（約140℃）に熱したアイロンで、1か所10秒程度ずつすきまがないように押さえて貼り合わせる。

## 型紙・布の基本用語

型紙の線や印、布の合わせ方の基本の呼び方です。

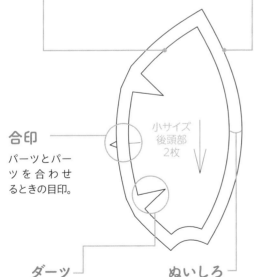

### 仕上がり線
できあがりの線。本ぬいするときはこの線の上をぬう。

### 断ち切り線
布をカットする線。仕上がり線＋ぬいしろを含んだ分が書かれている。

小サイズ
後頭部
2枚

### 合印
パーツとパーツを合わせるときの目印。

### ダーツ
丸みを出すための切れ込み。三角の部分を合わせてぬう。

### ぬいしろ
仕上がり線より外側の部分。布をぬい合わせるときに余分に用意しておく。仮ぬいの際はこの中心をぬうとよい。

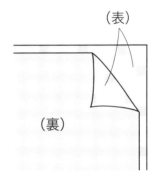

（表）

（裏）

### 中表
布と布を重ねるとき、表どうしを合わせること。ボディや洋服などは基本的にすべて布を中表で重ねてぬい、あとでひっくり返す。

## ✦ Vol.1 全体編 ✦

### Q フェルトでも作れますか?

**A** 作れます。ただしフェルトは"引っ張ると元の形に戻らない"という性質があります。ボディなどをぬったあと、表に返すときは強い力でひっぱらないように、やさしく返しましょう。

### Q ほつれやすい 布の場合はどうする?

**A** ほつれやすい生地（ブロード・シーチング、柄物のプリント生地など）を使う場合は「ほつれ止め液」を使うのがおすすめです。ほつれ止め液を布端にぬることでほつれにくくなります。

裁断した布の端に「ほつれ止め液」を塗り、乾いてから使うとほつれるのを防ぐことができる。

### Q 型紙は拡大・縮小して大丈夫ですか?

**A** もちろん大丈夫です。ご自分で作りたいサイズに拡大または縮小して作ってみてください。ただし、ぬいしろも一緒に伸び縮みするので、お好みのぬいしろ幅に書き直して使ってください。洋服の型紙も体と同じサイズで拡大・縮小しましょう。

### Q 作ったぬいと 一緒にお出かけしたい!

**A** 頭をぬい合わせる際に紐やリボンでループを作って一緒にぬいつけ、そこにキーホルダー金具をつければ、ぶら下げることができます。

100円均一ショップでも手に入るキーホルダー金具。

# PART ①

# ボディと表情の作り方

30〜31ページを参考に、型紙を使ってあらかじめ布をカットしてからスタート！ 髪型を変えたい場合はヘアカタログ（19〜23ページ）を参考に、PART2の髪型の作り方も一緒にチェックしてパーツを準備しましょう。

# 3つのボディ

この本では3つのタイプのボディを作れます。好みのものを選んで作ってみましょう。

## 中サイズ（約15cm）

**オススメポイント**

- ☑ 存在感の あるサイズ
- ☑ ふっくらして かわいい

すべてソフトボアで作るため、ふわふわの手ざわり。小サイズと比べると大きくて存在感バツグンです。足のパーツが体と別なので立体感があり、洋服を着せるのも楽しいサイズです。

15cm

### DATA

| | |
|---|---|
| 身長 | 約15cm |
| 頭 | 頭囲25cm |
| 体 | 首からつま先7cm<br>両手の先から先の幅9.5cm |

# 小サイズ（約10cm）

10cm

## オススメポイント

- ☑ 作りやすい サイズ
- ☑ 小さくて かわいい

ぬう面積が少ないので、初めてでも作りやすく、時間がかかりません。持ち歩きにもぴったりのサイズです。張りのあるナイレックスで作るので布が切りやすいのもポイント。

### DATA

| 身長 | 約10cm | 頭 | 頭囲7cm |
|---|---|---|---|
| 体 | 首からつま先4cm 両手の先から先の幅5.7cm | | |

# すわり（約13cm）

13cm

## オススメポイント

- ☑ かざって おけるサイズ
- ☑ すわれるのが かわいい

中サイズとほぼ同じ大きさですが、足を前に出すデザインですわらせることができます。お気に入りの場所に飾ったり、すわらせて写真を撮ったりすることができるのが魅力。頭と体、腕は中サイズと同じ型紙で、体の底（お尻部分）や足のパーツが体とは別になっています。

### DATA

| 身長 | 約13cm |
|---|---|
| 頭 | 頭囲25cm |
| 体 | 首からお尻5cm 両手の先から先の幅9.5cm |

# 刺しゅうの基本のき

この本では顔の表情は刺しゅうで仕上げています。まずは3つのステッチでチャレンジしてみましょう。

## 刺しゅう糸の使い方

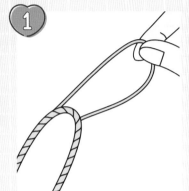

**①** 刺しゅう糸は細い糸が6本より合わさっている。糸束から糸端を引っ張って50〜60cmのところでカットしたら、1本ずつ引き抜く。

**②** 使う本数を引き抜いたら端をそろえて刺しゅう針に通して使う（「2本取り」とある場合は、2本をそろえて使う、という意味）。

## 刺しゅうの糸始末

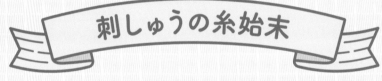

※基本的に玉結び、玉止めはしないで糸と糸を絡めることでほつれるのを防止します。

### ラインを刺す（バックステッチ・アウトラインステッチ）場合

刺し始めは裏側で7〜8cm残す。

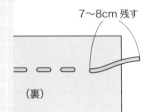
7〜8cm残す
（裏）

刺し終わりは、裏側でぬい目の糸に絡めるようにし、針を何回かくぐらせたら糸を切る。刺し始めの糸も針に通して同じようにする。

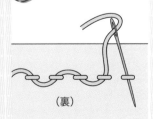
（裏）

### 面を刺す（サテンステッチ）場合

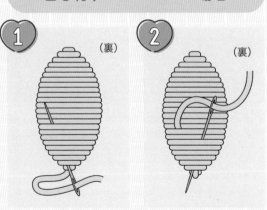

**①** （裏） **②** （裏）

刺し始めは裏側で7〜8cm残す。刺し終わりは、裏側で縫い目の糸にくぐらせる。

戻るように折り返して数本渡してからまた縫い目の糸にくぐらせて糸を切る。刺し始めの糸も針に通して同じようにする。

## アウトラインステッチ 〉 眉や口、まつげなどのライン

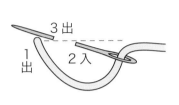 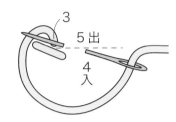 

刺し始めの位置から針を出す。少し先に刺し入れ、今度は少し戻ったところから出すのを繰り返す。

## バックステッチ 〉 眉や口、目の輪郭などのライン

 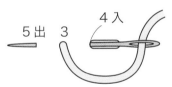 

刺し始めの少し先から針を出す。少し戻り、最初に針を出したところの少し先に出す、最初に針を出したところに針を入れる、これを繰り返す。

## サテンステッチ 〉 目や口の中など、面を埋める

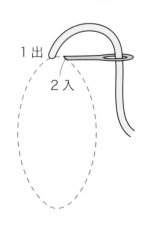 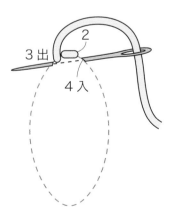 

輪郭線に沿って糸を出した真横に刺す。隙間なく平行に刺していく。

# 刺しゅうの手順

表情の図案を決めたら、顔の刺しゅうをします。シールタイプの刺しゅうシート（図案転写シート）が便利です。

使いたい図案の上に刺しゅうシートを置いて、水性ペンで図案を写す。

※図案が透けないタイプのものはタブレットなどの上において下から光を当てるとやりやすい。

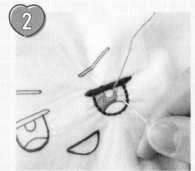

顔用の布にあらかじめ顔の型紙を写しておく。刺しゅうシートのシールを台紙からはがして布に貼り、シートの上から刺しゅうする（次のページ参照）。

洗面器などの容器にぬるま湯を入れ、しばらく浸す。流水でやさしくもみ洗いをしてシートを溶かしながら洗い流したら、よく乾燥させ、布をカットする。

# 表情の刺しゅうQ & A

## Q 刺しゅうに自信がありません！

16〜17ページの表情パターンや、39ページの刺しゅうの例では、目の中は数色の糸を使っています。自信がない人は、まずは目は1色にして、ハイライトの部分だけ白く刺すだけでもかわいいので試してみて！

目の中は糸で埋まっていればOKとしましょう！　端から端まで長く糸を渡さずに、長かったり短かったりを繰り返して面を埋めても大丈夫（これをロングアンドショートステッチともいいます）。

## Q 布がふわふわで刺しにくい！

刺しゅう枠を使って、布をピンと張った状態にすると刺しやすくなります。さらに布の裏に薄手の接着芯を貼ると少しだけ布に張りが出て刺しやすくなります。

## Q 刺しゅうシートをお湯で溶かしたのに、布がごわごわします。

少量の柔軟剤を入れたぬるま湯でやさしくもみ洗いすると、刺しゅうシートがすっきり取れます。ヌルヌルしなくなったらすすいで、よく乾燥させましょう。乾燥後は、布の毛並みが乱れていることがあるので、刺しゅうを傷つけないようにブラッシングをしてあげるとよいでしょう。

# 刺しゅうの例

37ページの3つのステッチを使って表情を刺しゅうしてみましょう。瞳などは輪郭を刺してから中をサテンステッチで埋めていくとやりやすいです。

※ここではすべて25番刺しゅう糸を使用しています。

アウトラインステッチ
(2本取り)

アウトラインステッチ
(3本取り)

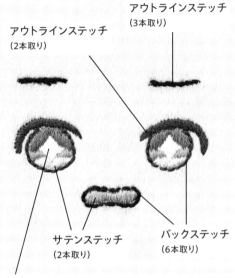

サテンステッチ
(2本取り)

バックステッチ
(6本取り)

バックステッチ (2本取り) で輪郭をとって、上からサテンステッチ (2本取り) でバックステッチを隠すように刺す

アウトラインステッチ
(2本取り)

バックステッチ
(6本取り)

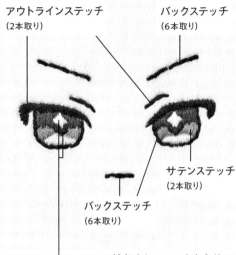

サテンステッチ
(2本取り)

バックステッチ
(6本取り)

バックステッチ (2本取り) で輪郭をとって、上からサテンステッチ (2本取り) でバックステッチを隠すように刺す

糸の本数や、ステッチの仕方で雰囲気が変わります。例えば、同じサテンステッチでも糸の本数が多いと立体的に、少ないと平面に。またアウトラインステッチは、糸を出した場所から戻るときの戻り幅によってラインを太くしたり細くしたりすることができます。

アウトラインステッチ
(3本取り)

アウトラインステッチ
(2本取り)

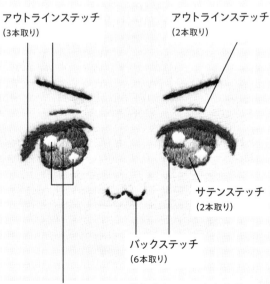

サテンステッチ
(2本取り)

バックステッチ
(6本取り)

バックステッチ (2本取り) で輪郭をとって、上からサテンステッチ (2本取り) でバックステッチを隠すように刺す

バックステッチ
(6本取り)

アウトラインステッチ
(2本取り)

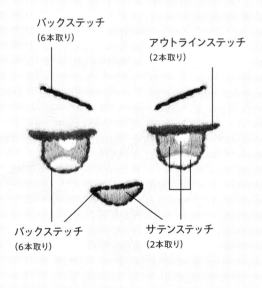

バックステッチ
(6本取り)

サテンステッチ
(2本取り)

# 小サイズの作り方
## 髪型：＼ショート（色：ラベンダー）

### 材料

▶ ナイレックス（体用）
▶ ソフトボア（髪の毛用）
▶ 刺しゅう糸
▶ 手ぬい糸
▶ 手芸わた
▶ アイロン接着シート

### 型紙（すべて小サイズ）

▶ 顔A、耳、後頭部、体
▶ ショート

---

**生地の準備**

前髪と後ろ髪用の布は、ソフトボア2枚を貼り合わせる（31ページ参照）

顔A（表情の刺しゅうは済ませておく）

前髪

後ろ髪

耳2枚

後頭部2枚

体2枚

ナイレックス

ソフトボア

小サイズの顔A、耳、後頭部、体と、小サイズのショートの型紙を使って布をカットする。

**顔・髪の毛のダーツをぬう**

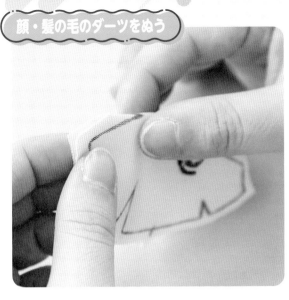

### ① ダーツのラインを合わせて布を折る

顔の布の中であらかじめV字に切り込みが入っているダーツは、布の端と端を合わせて布を中表に折る。

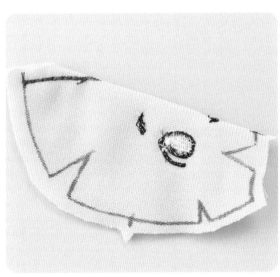

### ② ダーツを本返しぬいでぬう

ダーツのラインの上を本返しぬいでぬう。

### *POINT*

ダーツをぬうときは、布端は仕上がり線までぬえばOK。最後はしっかり玉どめしておく。

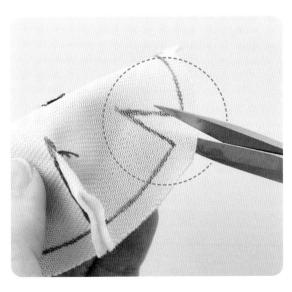

### ③ ダーツに切り込みを入れる

V字に切り込みが入っていないダーツは、中心に切り込みを入れる。

### *POINT*

切り込みは、仕上がり線から5mm程度内側までで止める。

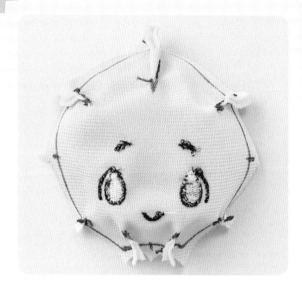

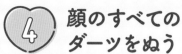

## 4 顔のすべての ダーツをぬう

③のダーツも同じように本返しぬいでぬう。
顔のほかのダーツもすべて同じようにぬう。

## 5 髪の毛、 後頭部のダーツをぬう

髪の毛、後頭部のパーツもすべて、顔と同じようにダーツをぬう。

### POINT ★

前髪と後ろ髪は2枚を貼り合わせてあるのでダーツは分厚くなる。ぬいにくいのでひと針ずつゆっくりぬおう！

**耳をつける**

顔の表側

## 6 頬のダーツに 耳を合わせる

頬のダーツに耳の下のラインを合わせ、顔の表側に耳の裏を上にして重ねる。

## ⑦ 耳を仮ぬいする

仕上がり線と生地の端の間をなみぬいで仮ぬいする。

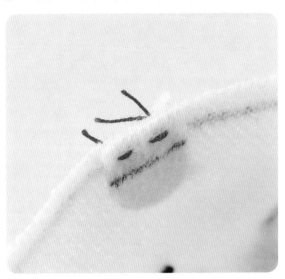

**顔と前髪を合わせる**

## ⑧ 顔と前髪を重ねてとめる

ダーツの位置を合わせながら仮どめクリップでとめる。

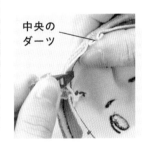

中央のダーツ

*POINT*

まず中央のダーツを合わせて持ってクリップでとめ、次に左右をとめると合わせやすい。

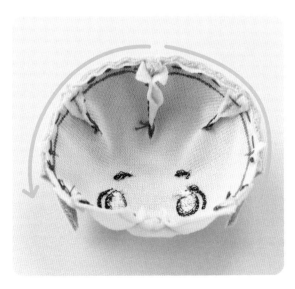

## ⑨ 顔と前髪を仮ぬいする

仕上がり線と布端の間を中心から左右に向かってなみぬいで仮ぬいする。このときダーツは左右に開いておく。

*POINT*

中央から左右それぞれに向かってぬうとずれにくい。

43

## 10 後頭部2枚を ぬい合わせる

後頭部2枚を中表に合わせて中心になるほう を本返しぬいでぬう。

### POINT

ダーツが入っていない ほうが中心。ぬう部分 をしっかり合わせて仮 どめクリップでとめて おくとよい。

開いた後頭部（裏）

後ろ髪（裏）

## 11 後頭部と後ろ髪を 重ねてとめる

⑩でぬった後頭部を開き、後ろ髪とダーツ の位置を合わせて仮どめクリップでとめる。

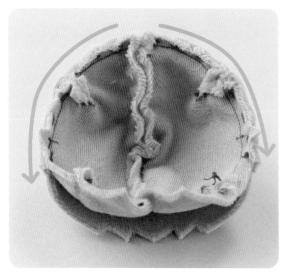

## 12 後頭部と後ろ髪を 仮ぬいする

前髪と同様に中心から左右それぞれに向け てなみぬいで仮ぬいする。

### POINT

仮ぬいは、後ろ髪の端 までぬっておく。写真 は外側を横から見たと ころ。

## 顔と髪の毛をぬい合わせる

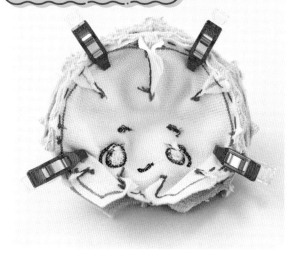

### ⑬ 顔と後頭部の合印を合わせてとめる

❾で仮ぬいした顔と前髪、⑫で仮ぬいした後頭部と後ろ髪を中表に重ね、仮止めクリップでとめる。

**POINT**

顔と後頭部の合印をしっかり合わせておく。

合印

### ⑭ 顔と後頭部をぬい合わせる

仕上がり線の上を本返しぬいでぬう。

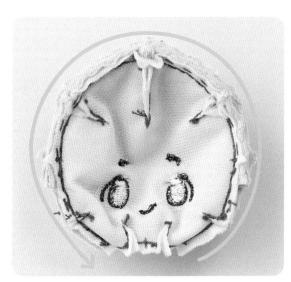

**POINT**

首部分は開けること！首の横の部分からぬい始め、反対型の首の横までぬう。

首の部分はぬわない

## 頭の完成

### ⑮ 頭を表に返す

首の部分から指を入れて、表に返す。

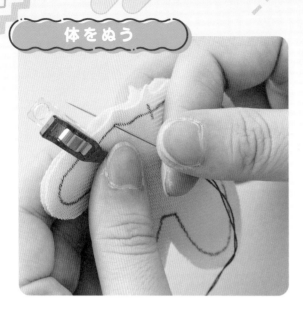

### 16 体パーツ2枚を ぬい合わせる

体パーツ2枚は中表に合わせ、首部分は開けておいて、首の横から本返しぬいでぬい始める。

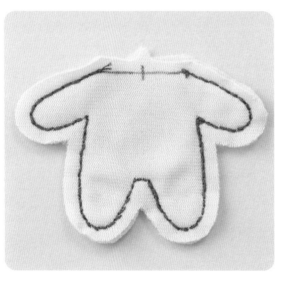

### 17 体パーツを1周ぬう

反対側の首の横までぐるりと本返しぬいする。

ぬわない

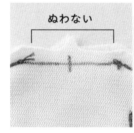

*POINT*

首部分から表に返すので、首は開けておく。

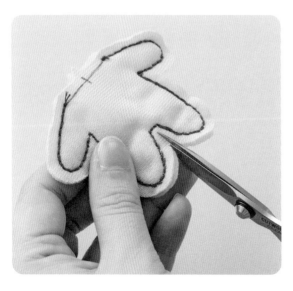

### 18 切り込みを入れる

股下と脇の下にはさみで切り込みを入れる。

*POINT*

切り込みは、本返しぬいでぬったところから5mmくらいまで。ぬい目まで切らないように注意して。

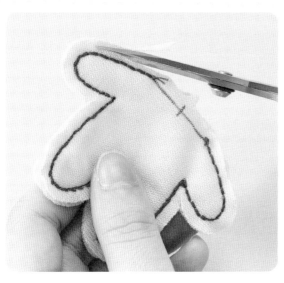

### ⑲ ぬいしろを切り落とす

ぬいしろを半分くらいの幅に切り落とす。

PART 1
小サイズの作り方

#### POINT ★

表に返したときに、手足のように細い部分はぬいしろが邪魔になってきれいに返せないので、ぬったあとに余分なぬいしろを減らす。

**体を返す**

### ⑳ 体を表に返す

首の部分から指を入れ、体全体を表に返す。

### ㉑ 手先、足先もていねいに表に返す

手先や足先は、針（または手芸用鉗子）を使って先端までしっかり表に出す。

## 22 体にわたをつめる

わたを少しずつとって、体につめる。

**POINT**

手先や足先などにもわたが入るように、竹串
や目打ち、手芸用鉗子などで押し込むとよい。

## 23 頭にわたをつめる

頭にもわたをしっかりつめる。頭の形が丸
くなるようにしっかり入れるとよい。

**POINT**

わたの量が少ないと顔がきれいに丸くならな
いのでパンパンに入れる。

## 24 頭と体の位置を合わせてぬい始める

頭と後頭部のぬい目と、体の前後のぬい目
をしっかり合わせて持つ。コの字とじを背
中側から始める。

**POINT**

玉結びが体の中に入る
ように、わたをつめた
内側から針を出してぬ
い始める。

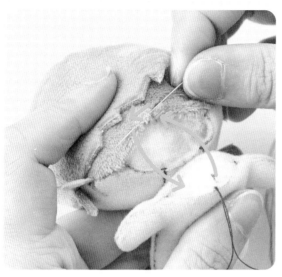

## ㉕ コの字とじで ぬい合わせる

体の中心で内から外へ針を出したら、後頭部の中心に針を刺し、真横に針を出す。そのままコの字とじで進める。

### POINT

横まで来たら、頭と体のぬい目のラインが合っているか、確認する。

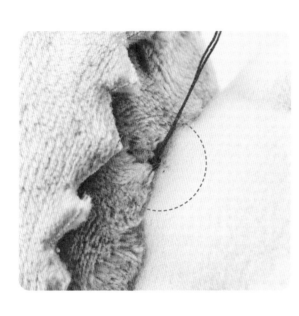

## ㉖ 最後は玉どめする

コの字とじで1周して背中側までできたら、首と体のつなぎ目のできるだけ際で玉どめをする。まだ糸は切らない。

### POINT

コの字とじはできるだけ細かくし、首がぐらぐらするときは2〜3周するとしっかりする。

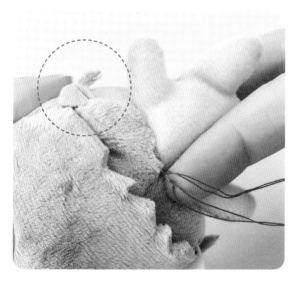

## ㉗ 玉どめの近くに 針を刺す

玉どめした後の針をそのまま、玉どめのすぐ近くに刺し、耳の裏あたりから針を出す。

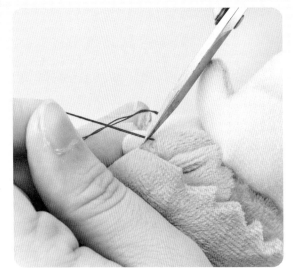

## 28 糸を切って糸端を体の中へ入れる

耳の後ろに出した糸を引っ張ると首の後ろの玉どめが「プチッ」と体の中に入る。糸を生地ギリギリのところでカットする。

### POINT

こうすることで玉どめが布の内側へ入り、糸端も布の内側へ入って表に出てこない。

## 29 できあがり！

わたが寄っているところがないか確認したらできあがり。

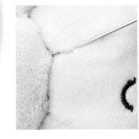

### POINT

ダーツのぬい目などは針先で毛先を逆なでるようにして、毛をかき出してあげるとラインが目立たなくなる。

小サイズはビニール製のポーチで持ち歩くのがおすすめ！　汚したり、カバンの中のものに引っかけたりする心配もありません。

# 中サイズの作り方
## 髪型:⬜インテーク(色:オーカー)

### 材料

▶ ソフトボア(体用)
▶ ソフトボア(髪の毛用)
▶ 刺しゅう糸
▶ 手芸わた ▶ 手ぬい糸
▶ 手芸用接着剤
▶ アイロン接着シート

### 型紙(すべて中サイズ)

▶ 顔B、額、耳、後頭部、体、足
▶ インテーク

### 生地の準備

前髪と後ろ髪の布は、ソフトボア2枚を貼り合わせる(31ページ参照)

顔B(表情の刺しゅうは済ませておく)

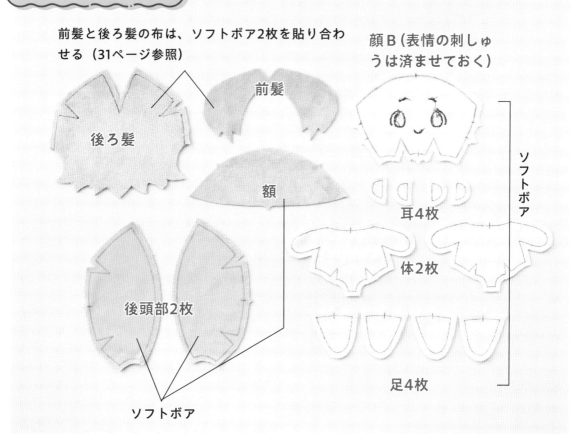

前髪

後ろ髪

額

ソフトボア

耳4枚

体2枚

後頭部2枚

足4枚

ソフトボア

ソフトボア

中サイズの顔B、額、耳、後頭部、体、足と中サイズのインテークの型紙を使って布をカットする。

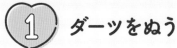

## 1 ダーツをぬう

顔と体、額、髪の毛のダーツをすべてぬう（41ページ①〜42ページ⑤参照）。

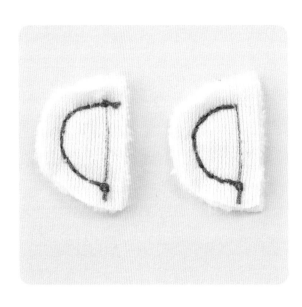

## 2 耳をぬい合わせる

耳は2枚ずつ中表に合わせて、本返しぬいでぬう。

**POINT** ★

布の端までぬわず、仕上がり線から仕上がり線まででOK！

## 3 耳のぬいしろを切り落とす

耳のぬいしろを半分くらいの幅に切り落とす。

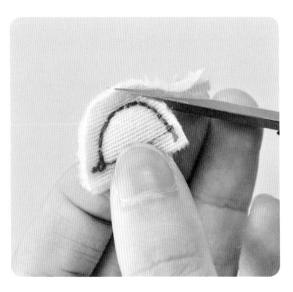

**POINT** ★

耳は小さいので、こうすることで表に返したときにぬいしろが邪魔にならない。

## ④ 耳を表に返す

耳2つは表に返しておく。

**顔と髪の毛をぬい合わせる**

合印

## ⑤ 耳を仮ぬいする

耳を顔の横の合印に合わせて、顔の表側につける。ぬいしろよりも外側でなみぬいで仮ぬいする。

### POINT

顔の表から見ると、耳が顔側に倒れてついている状態となる。

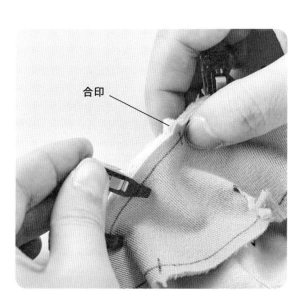

合印

## ⑥ 顔と額を合わせる

顔と額を中表にして、合印で合わせて仮どめクリップでとめる。

 顔と額をぬい合わせる

 でとめた部分の仕上がり線を本返しぬいでぬって、額と顔をつなげる。ぬい終わったら開く。

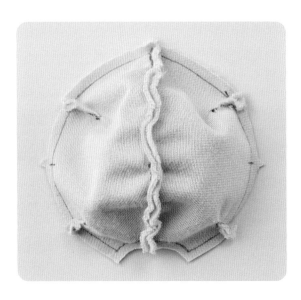

 後頭部2枚を
ぬい合わせる

後頭部の2枚を重ねてぬい合わせ（44ページ参照）、開く。

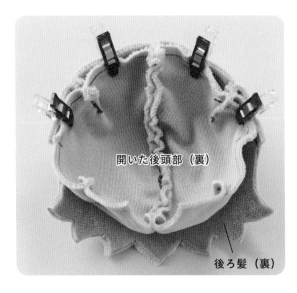

 後頭部と後ろ髪を
重ねてとめる

後頭部と後ろ髪を重ねてダーツどうしと合印どうしの位置を合わせ、仮どめクリップでとめる。

開いた後頭部（裏）

後ろ髪（裏）

## ⑩ 後頭部と後ろ髪を 仮ぬいする

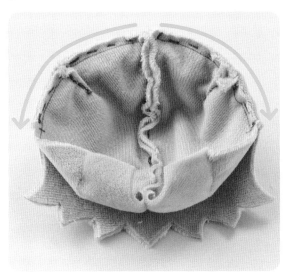

後頭部と後ろ髪をなみぬいで仮ぬいする（44ページ⑫参照）。中央から後頭部の左右中心近くにある合印までをぬう。

## ⑪ 顔と髪の毛をすべて 重ねてぬう

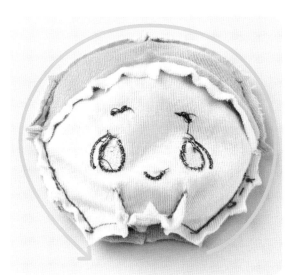

⑦で作った顔・額と、⑩で仮ぬいした後頭部・後ろ髪を中表に重ねて、仕上がり線で本返しぬいする。

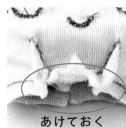

あけておく

### POINT

首を閉じてしまわないように注意しよう。

## 頭の完成

## ⑫ 頭を表に返す

首の部分から指を入れて、表に返す。

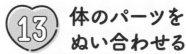

### 13 体のパーツを
### ぬい合わせる

ダーツ部分をぬった体のパーツ2枚を中表に
合わせて、首から脇腹までを本返しぬいで
ぬう。

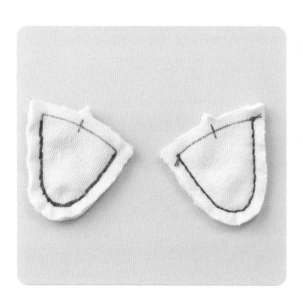

### 14 足をぬう

足は2枚ずつを中表に合わせ、足の付け根以
外の部分を本返しぬいでぬう。残りの2枚も
同様にする。

### 15 足を表に返す

⑭の足を表に返す。

### POINT

足先がきれいに出ない場合は針（または手
芸用鉗子）でしっかり出す。

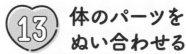
体をぬう

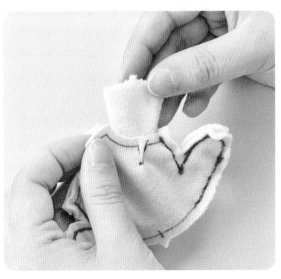

## 16 体に足を入れる

13でぬい合わせた体パーツの足の付け根部分に15の足を入れる。

**POINT**

体の内側に入れて体のダーツと足の合印を合わせる。

## 17 足の付け根をぬう

足の付け根の表と裏それぞれを、本返しぬいでぬう。

**POINT**

足の付け根から股下までの表側をぬったら一度玉どめして糸を切り、裏側も同様にぬう。

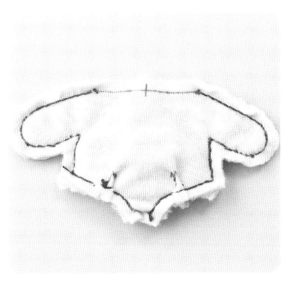

## 18 もう片方の足もぬう

もう片方の足も16〜17と同様にしてぬい合わせる。

## 19 股下をぬう

股下を本返しぬいでぬい合わせる。

## 20 体を表に返す

首の部分から指を入れて、体を表に返す。
手先や足先は針（または手芸用鉗子）を使ってていねいに返す。

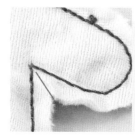

**POINT**

ひっくり返す前に脇の下に切り込みを入れておく。

仕上げる

## 21 頭にわたをつめる

頭にわたをしっかりつめる。顔の形が丸くなるようにしっかり入れるとよい。

**POINT**

わたの量が少ないと顔がきれいに丸くならないのでパンパンに入れるとよい。

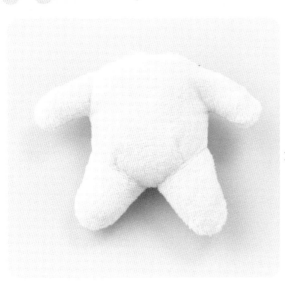

## ② 体にわたをつめる

わたを少しずつとって、手先、足先までしっかりわたをつめる。

しわやへこみがあったら、わたが足りない証拠。かたよりがないように、しっかりつめること!

## ② 前髪の位置を決める

前髪を額のつけたい位置に置いてみて、マチ針を刺しておく。

*POINT* ⭐

この髪型(インテーク)は前髪のトップがどこにくるかで印象が変わるので、好みの位置を探そう。

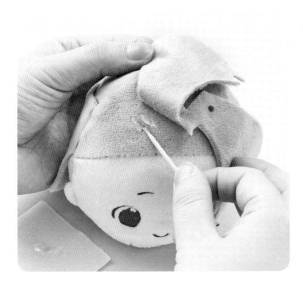

## ② 前髪を貼る

額に手芸用接着剤をつけてマチ針で仮止めしていた前髪を貼る。毛先は好みの位置に貼りつけてもよい。

*POINT* ⭐

接着剤を端切れなどに出して、つまようじなどに少しだけ取ってつける。つけ過ぎに注意!

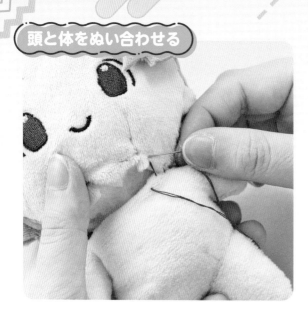

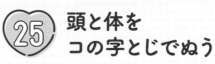 頭と体を
コの字とじでぬう

頭と後頭部のぬい目と、体の前後のぬい目
を合わせて首をコの字とじでぬい合わせ、
玉どめする（48ページ㉔〜50ページ㉙参照）。

㉖ できあがり！

わたが寄っているところがないか確認した
らできあがり。

POINT

ダーツのぬい目などは
針先で毛先を逆なでる
ようにして、毛をかき
出してあげるとライン
が目立たなくなる。

# すわりの作り方
## 髪型：◯\ツンツン（色：ダークウォーターグリーン）

### 材料

▸ ソフトボア（体用）
▸ ソフトボア（髪の毛用）
▸ 刺しゅう糸　　▸ 手ぬい糸
▸ 手芸わた
▸ アイロン接着シート
▸ ペレット

### 型紙

中サイズ
▸ 顔A、耳、後頭部
すわり
▸ 体、体〈底〉、足

▸ 髪の毛（中サイズ・ツンツン）

### 生地の準備

前髪、後ろ髪、ツンツン用の布は、ソフトボア2枚を
貼り合わせる（31ページ参照）

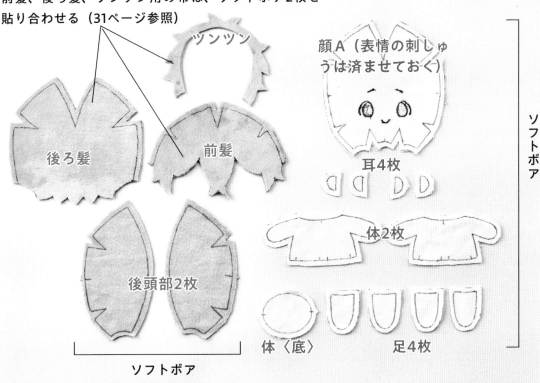

中サイズの顔A、耳、後頭部と、すわりの体、体〈底〉、足、中サイズのツンツンの髪型を使っ
て布をカットする。

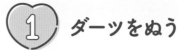

## ① ダーツをぬう

顔と頭のダーツをすべてぬう（41ページ**①**〜42ページ**⑤**参照）。

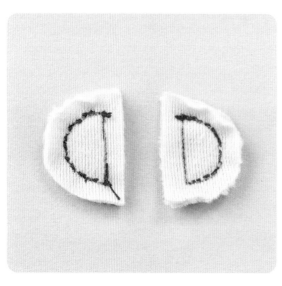

## ② 耳をぬい合わせる

耳は2枚ずつ中表に合わせて、本返しぬいでぬう。ぬいしろの幅を半分にカットして表に返しておく。

### *POINT* ⭐

布の端までぬわず、仕上がり線から仕上がり線までをぬえばOK！

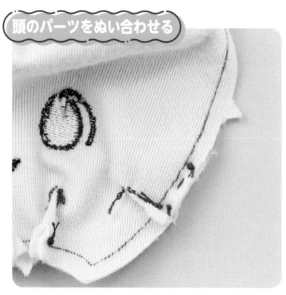

## ③ 耳を仮ぬいする

耳を顔の横の合印に合わせて、顔の表側につけて仕上がり線よりも外側でなみぬいで仮ぬいする。

### *POINT* ⭐

顔の表から見ると、耳が顔側に倒れてついている。

## ④ 前髪と顔を仮ぬいする

前髪と顔をダーツ位置で合わせて重ね、仕上がり線よりも外側でなみぬいで仮ぬいする（43ページ⑧〜⑨参照）。

（43ページ⑧〜⑨参照）

開いた後頭部（裏）

後ろ髪（裏）

## ⑤ 後頭部と後ろ髪を仮ぬいする

後頭部2枚は中表にしてぬい合わせる。後頭部を開き、後ろ髪と重ねて上中心とダーツで合わせ、なみぬいで仮ぬいする（44ページ⑩〜⑫参照）。

（44ページ⑩〜⑫参照）

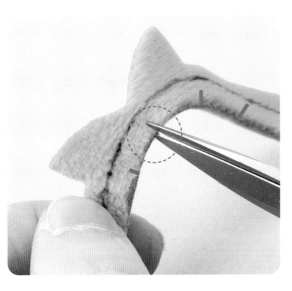

## ⑥ ツンツンに切れ込みを入れる

髪の毛のツンツンパーツは、ぬいしろの幅の半分まで数か所に切り込みを入れて、頭の丸いラインに合わせやすくする。

### POINT ☆

約1cm間隔で、仕上がり線の内側3mmくらいまで切り込みを入れる。

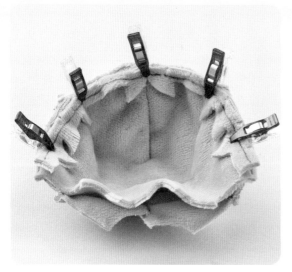

## ⑦ ツンツンと後ろ髪を合わせる

後ろ髪とツンツンパーツを中表に合わせる。両端を合わせて仮どめクリップでとめ、その間もとめていく。

## ⑧ ツンツンと後ろ髪・後頭部を仮ぬいする

⑦を仕上がり線の外側で、なみぬいで仮ぬいする。

## ⑨ 顔と髪の毛すべてを重ねてぬう

④で仮ぬいした顔・前髪と、⑧で仮ぬいしたツンツン・後ろ髪・後頭部を中表に重ねて仕上がり線で本返しぬいする。

### POINT

分厚いのでひと針ずつ糸を引きながらぬうとよい。

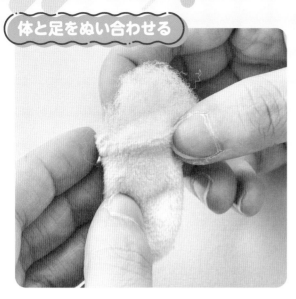

**体と足をぬい合わせる**

## 10 足を作る

足は2枚ずつを中表に合わせ、足の付け根以外の部分を本返しぬいでぬい合わせる。表に返してわたをつめる。もうひとつも同じようにする。

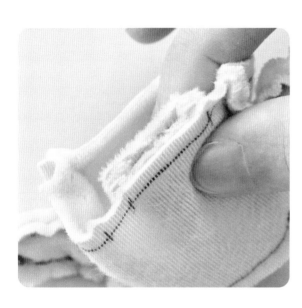

## 11 体パーツをぬい合わせて足を入れる

体パーツ2枚を中表に合わせて首の横から脇腹までを本返しぬいでぬう。足を体の中に入れる。

**POINT**

前身頃の足の付け位置の合印に足を合わせる。仮どめクリップなどでとめると安心。

## 12 足を体の前側とぬい合わせる

⑪で合わせた部分の仕上がり線を本返しぬいでぬい合わせ、体の前側に足を取りつける。もう片方の足も同じようにする。

**POINT**

体の前側に足2つがついた状態になっているか確認しよう。

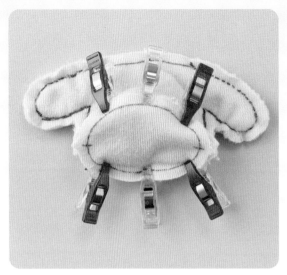

## 13 体と体〈底〉を合わせる

体の脇のぬい目と体〈底〉の合印を合わせて仮どめクリップでとめる。

**POINT**

脇と体〈底〉の合印が合っているか確認しよう。

## 14 体と体〈底〉をぬい合わせる

で合わせた部分の仕上がり線をぐるっと1周本返しぬいでぬい合わせる。

## 15 体を表に返す

首の部分から指を入れて、体を表に返す。手先や足先は針（または手芸用鉗子）を使ってていねいに返す。

## ⑯ 頭にわたをつめる

頭は表に返し、わたをしっかりつめる。顔の形が丸くなるようにしっかりつめるとよい。

### POINT

わたの量が少ないと顔がきれいに丸くならないのでパンパンに入れるとよい。

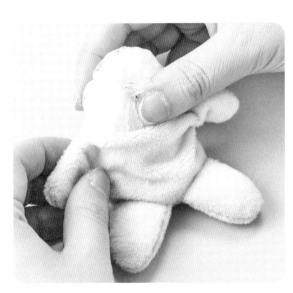

## ⑰ 体にペレットを入れる

ペレット（15〜20g目安）を体に入れる。

### POINT

ペレットはそのままつめてもよいが、目の細かい網で作った袋などに入れると扱いやすい。また、足先にもペレットを入れると安定しやすくなる

## ⑱ 体にわたをつめる

ペレットの上からわたをしっかりつめる。手先は先の丸いはさみや手芸用鉗子でつめるとよい。

### POINT

ここでわたをしっかりつめないと、体が安定しないので注意。

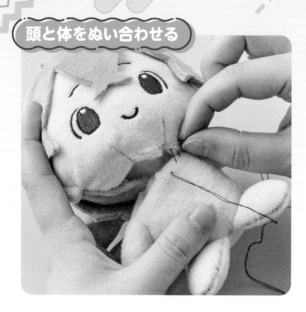

## 19 頭と体を コの字とじでぬう

頭と後頭部のぬい目と、体の前後のぬい目を合わせてコの字とじでぬい合わせ、玉どめする（48ページ24～50ページ28参照）。

## 20 できあがり！

わたの片寄りがないか、きちんとすわるか、確認したらできあがり。

### POINT ★

頭をつけてみてうまくすわらないときは、もう一度首の部分をほどいて、わたの詰め具合を調整してみよう。

作り方ページで使用した
シンプル丸目はこちら！

# 韓国風のぬいを作ろう

大注目の韓国風ぬい！ 髪の毛の質感やぬい方、目の刺しゅうが特徴的です。
ここでは、この本の型紙を使って、髪の毛の布や目の色味を変えるだけで
韓国風にアレンジできるテクを紹介！

## 韓国風のぬいって？

### 髪の毛が額に
### ぬいつけてある！

髪の毛に使う布が、毛足の
長いものが多いです。前髪
を額にぬいつけるデザイン
が一般的！

### 目がとっても
### キラキラ！

色はパステル系でかわい
く！ 目のデザインも特徴
的で、星やハートなどが散
りばめられているものが多
いようです。

### 体は
### 大きめが多い！

韓国や中国で作られている
ぬいは、20cmくらいの大
きめのものが多いよう。手
足も長めのようですが、今
回はこの本の15cmのボディ
の型紙で作りました。

# Point 1
# 髪の毛をとにかくかわいく！

 **布** ふさふさ している布が オススメ

この本の髪型で使用しているソフト ボアよりも毛足が長い布（5mm〜 1cmくらい）がオススメ。ボア生地 の種類もたくさんあるので、推しの イメージやぬいやすさで選んでみよう。

韓国風

ソフトボア

 **ぬい方** 根気強く額に ぬいつける！

前髪を額にぬいつけてあるのが最大 の特徴です。前髪を型紙に沿って 切ったら、ふちを短めのサテンステッ チ（37ページ）のイメージでひた すらぬい合わせていきます。生地に よってはほつれやすいものもあるの で、うまく毛をすくいながら、少し ずつぬい進めていきましょう。

 **形** 型紙通りでも、 アレンジしても OK

前髪の形は、この本についている 型紙が参考に使えます。使う布の 毛足の長さや仕上がりのイメージ によって、自由にアレンジしてみ ましょう。

70

# Point 2
# 目もキラキラさせちゃおう!

かわいい
色味を
見つけよう

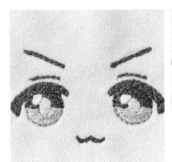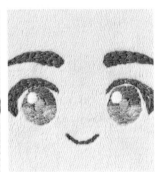

パステル調の糸を使って刺しゅうをすると、韓国風になります。ピンクや紫、青のグラデーションのほか、ピンク×茶色、青×黄色など、組み合わせを変えるのも楽しい!

図案　キラキラ目の図案を参考に!

下の図案例を参考に、刺しゅうにチャレンジ!　もちろん、16〜17ページの表情パターン集の図案も使えるので、刺しゅう糸の色や組み合わせを変えて作ってみましょう!

チャレンジしてみてね♪

# ✦ Vol.2 ボディ・表情編 ✦

## Q お顔の表情をもっとかわいくしたい！

A メイク用のチークやアイシャドウを使って、色付けするのがおすすめ。特に頬をほんのりピンクにするとかわいくなります。メイク用品は100円均一ショップなどで買えるもので十分です。

メイク用のチップがなくても、綿棒などでポンポンとのせるようにつければOK。指に取って、なじませてもよいでしょう。

## Q 瞳にキラキラをプラスしたい！

A ラインストーンを専用の接着剤で貼りつけてみて。シールタイプのものは粘着力が弱いものもあるので、接着剤のほうがよいでしょう。

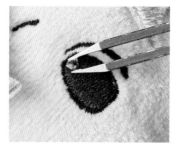 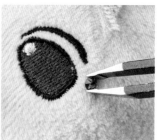

目の下にキラキラをつけたり、目のハイライト部分をラインストーンにしても。

## Q 刺しゅうが苦手です。ほかの方法はありませんか？

A 目はボタンでもOK！　プリントできる布に自身で描いたイラストをプリントして接着（またはぬいつけ）してもよいでしょう。

# PART ♡ ②

# 髪型の作り方

髪型は前髪を貼るタイプ▣と、ぬい込むタイプ＼があります。顔の型紙は「顔A」と「顔B」があり、髪型によって使うものが違うので注意しましょう（ただし、「丸刈り」「ショートパーマ」は専用の顔の型紙があります）。
ここでは小サイズの型紙で作っています。中サイズの場合は耳のつけ方が違うため、中サイズのボディの作り方を確認してください。すわりは中サイズと同じ型紙、作り方です。

# マッシュ ▣ （色:ディムグレー）

## 材料

- ▶ ソフトボア（髪の毛用）
- ▶ ナイレックスまたはソフトボア（顔、耳用）
- ▶ 手ぬい糸
- ▶ 手芸わた

## 型紙

- ▶ マッシュ
- ▶ 顔B、額、後頭部、耳

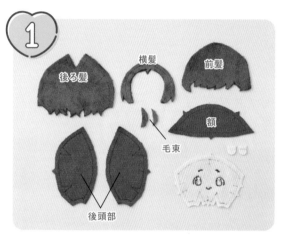

型紙を使って布をカットする。後頭部と額はソフトボア1枚、その他の髪の毛はソフトボア2枚を貼り合わせる。

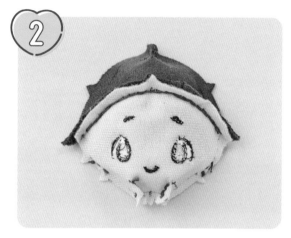

すべてのパーツのダーツをぬっておく。耳を仮ぬいし、顔と額をぬい合わせる（53ページ ❺〜54ページ ❼ 参照）。

後頭部、後ろ髪、横髪の順に重ねて仮ぬいする（44ページ参照）。

❷と❸を中表にしてぬい合わせ、表に返す（45ページ参照）。

⑤

頭にわたをつめたら、前髪の裏側に接着剤を
つけて、頭頂部に合わせて貼る。

⑥

お好みで三日月形の毛束2つは裏に接着剤を
つけて貼る。

### POINT ★

前髪の毛束の形や位置は自由に変
えてOK！

75

# 丸刈り ◗ （色:ペールグレー）

### 材料

▸ ソフトボア（髪の毛用）
▸ ナイレックスまたはソフトボア（顔、耳用）
▸ 手ぬい糸
▸ 手芸わた

### 型紙

▸ 丸刈り
▸ 顔（丸刈り用）、額（丸刈り用）、後頭部、耳

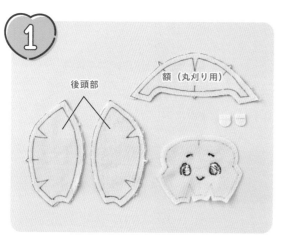

型紙を使って布をカットする。

すべてのパーツのダーツをぬっておく。顔と額は中表にしてぬい合わせ、開く（53ページ⑥〜54ページ⑦参照）。

耳は顔の前髪のすぐ下の位置に仮ぬいする（53ページ⑤参照）。

後頭部2枚は中表にしてぬい合わせ、開く（44ページ⑩参照）。③と後頭部を中表にしてぬい、表に返す（45ページ参照）。わたをつめる。

# OSHINUI •••

# ツーブロック ▫ （色:オレンジ、トープグレー）

## 材料

▸ ナイレックス（髪の毛用、2色用意する）
▸ ナイレックスまたはソフトボア（顔、耳用）
▸ 手ぬい糸
▸ 手芸わた

## 型紙

▸ ツーブロック
▸ 顔B、額、後頭部、耳

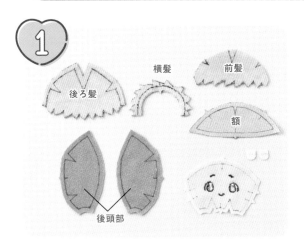

① 型紙を使って布をカットする。後頭部と額はソフトボア1枚、その他の髪の毛はソフトボア2枚を貼り合わせる。

② すべてのパーツのダーツをぬっておく。耳を仮ぬいし、顔と額をぬい合わせる（53ページ⑤～54ページ⑦参照）。

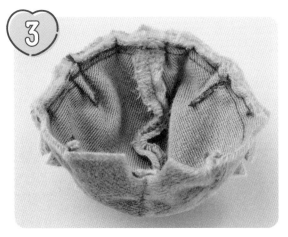

③ 後頭部、後ろ髪、横髪の順に重ねて仮ぬいする（44ページ参照）。

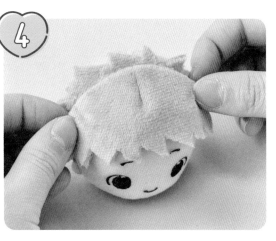

④ ❷と❸を中表にしてぬい合わせ、表に返す（45ページ参照）。頭にわたをつめたら、前髪の裏側に接着剤をつけて頭頂部に合わせて貼る。

# オールバック ✎（色：ゴールデンイエロー）

### 材料

- ソフトボア（髪の毛用）
- ナイレックスまたはソフトボア（顔、耳用）
- 手ぬい糸
- 手芸わた

### 型紙

- オールバック
- 顔A、後頭部、耳

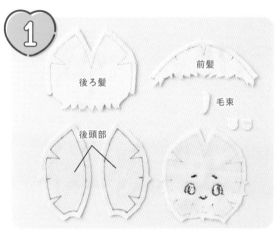

型紙を使って布をカットする。後頭部はソフトボア1枚、その他の髪の毛はソフトボア2枚を貼り合わせる。

すべてのパーツのダーツをぬっておく。耳を仮ぬいし、顔と前髪も仮ぬいする（42ページ⑥〜43ページ参照）。

後頭部と後ろ髪を重ねて仮ぬいする。それを②と中表にしてぬい合わせ、表に返す（44〜45ページ参照）。

頭にわたをつめる。お好みで三日月型の毛束の裏に接着剤をつけて、好きな位置に貼る。

# ボブ □ （色：ティーブラウン）

## 材料

- ソフトボア（髪の毛用）
- ナイレックスまたはソフトボア（顔、耳用）
- 手ぬい糸
- 手芸わた

## 型紙

- ボブ
- 顔B、額、後頭部、耳

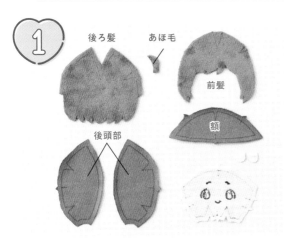

型紙を使って布をカットする。後頭部と額はソフトボア1枚、その他の髪の毛はソフトボア2枚を貼り合わせる。

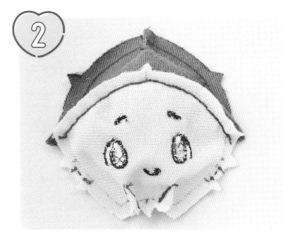

すべてのパーツのダーツをぬっておく。耳を仮ぬいし、顔と額をぬい合わせる（53ページ⑤〜54ページ⑦参照）。

後頭部、後ろ髪、あほ毛の順に重ねて仮ぬいする（44ページ参照）。

②と⑤を中表にしてぬい合わせ、表に返す（45ページ参照）。頭にわたをつめたら、前髪の裏側に接着剤をつけて頭頂部に合わせて貼る。

# 無造作ヘア ▢ (色:イエローグリーン)

## 材料

▷ ソフトボア（髪の毛用）
▷ ナイレックスまたはソフトボア（顔、耳用）
▷ 手ぬい糸
▷ 手芸わた

## 型紙

▷ 無造作ヘア
▷ 顔B、額、後頭部、耳

①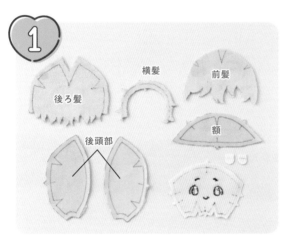

型紙を使って布をカットする。後頭部と額はソフトボア1枚、その他の髪の毛はソフトボア2枚を貼り合わせる。

② 

すべてのパーツのダーツをぬっておく。耳を仮ぬいし、顔と額をぬい合わせる（53ページ❺〜54ページ❼参照）。

③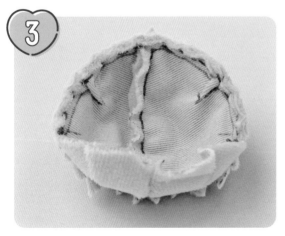

後頭部、後ろ髪、横髪の順に重ねて仮ぬいする（44ページ参照）。

④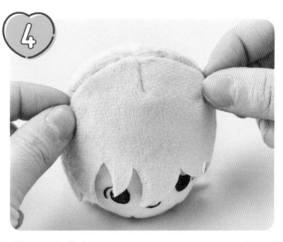

❷と❸を中表にしてぬい合わせ、表に返す（45ページ参照）。頭にわたをつめたら、前髪の裏側に接着剤をつけて頭頂部に合わせて貼る。

# ショートパーマ □ (色:ワインレッド)

## 材料

- ソフトボア（髪の毛用）
- ナイレックスまたはソフトボア（顔、耳用）
- 手ぬい糸
- 手芸わた

## 型紙

- ショートパーマ
- 顔（ショートパーマ用）、額（ショートパーマ用）、耳

①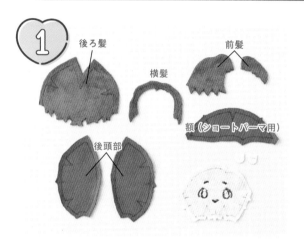

型紙を使って布をカットする。後頭部と額はソフトボア1枚、その他の髪の毛はソフトボア2枚を貼り合わせる。

②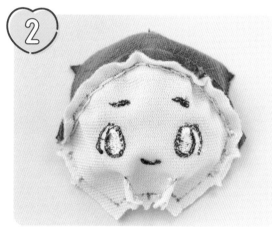

すべてのパーツのダーツをぬっておく。耳を仮ぬいし、顔と額をぬい合わせる（53ページ❺〜54ページ❼参照）。

③

後頭部、後ろ髪、横髪の順に重ねて仮ぬいする（44ページ参照）。

④

❷と❸を中表にしてぬい合わせ、表に返す（45ページ参照）。頭にわたをつめたら、前髪2つの裏側に接着剤をつけて額に貼る。

# ロング □（色：ショッキングピンク）

## 材料

- ▶ ソフトボア（髪の毛用）
- ▶ ナイレックスまたはソフトボア（顔、耳用）
- ▶ 手ぬい糸
- ▶ 手芸わた

## 型紙

- ▶ ロング
- ▶ 顔B、額、後頭部、耳

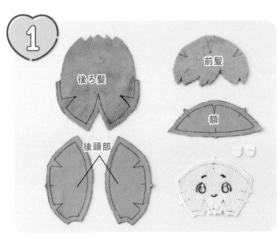

型紙を使って布をカットする。後頭部と額はソフトボア1枚、その他の髪の毛はソフトボア2枚を貼り合わせる。

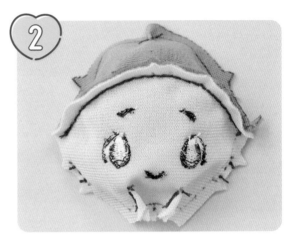

すべてのパーツのダーツをぬっておく。耳を仮ぬいし、顔と額をぬい合わせる（53ページ ⑤〜54ページ ⑦ 参照）。

後頭部と後ろ髪を重ねて仮ぬいする。それを ❷ と中表にしてぬい合わせ、表に返す（44〜45ページ参照）。

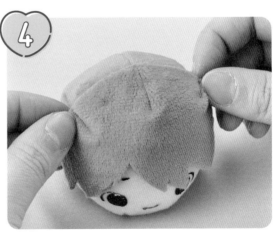

頭にわたをつめたら、前髪の裏側に接着剤をつけて頭頂部に合わせて貼る。

# ウェーブ ロ （色:アクアブルー）

### 材料

- ソフトボア（髪の毛用）
- ナイレックスまたはソフトボア（顔、耳用）
- 手ぬい糸
- 手芸わた

### 型紙

- ウェーブ
- 顔B、額、後頭部、耳

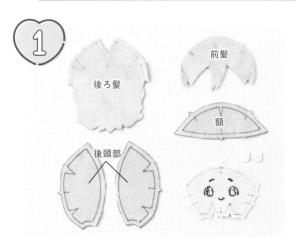

型紙を使って布をカットする。後頭部と額はソフトボア1枚、その他の髪の毛はソフトボア2枚を貼り合わせる。

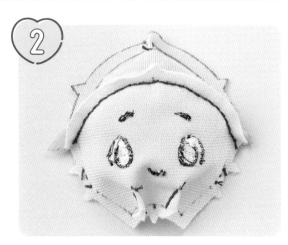

すべてのパーツのダーツをぬっておく。耳を仮ぬいし、顔と額をぬい合わせる（53ページ⑤〜54ページ⑦参照）。

後頭部と後ろ髪を重ねて仮ぬいする。それを②と中表にしてぬい合わせ、表に返す（44〜45ページ参照）。

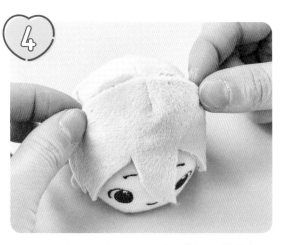

頭にわたをつめたら、前髪の裏側に接着剤をつけて頭頂部に合わせて貼る。

# ツインテール ✎ (色:レッド)

## 材料

- ナイレックス（髪の毛用）
- ソフトボア（髪の毛用）
- ナイレックスまたはソフトボア（顔、耳用）
- 手ぬい糸
- 手芸わた

## 型紙

- ツインテール
- 顔A、後頭部、耳

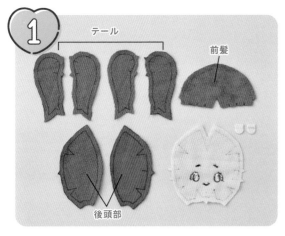

①

型紙を使って布をカットする。後頭部とテールはソフトボア1枚、前髪はソフトボア2枚を貼り合わせる。

②

すべてのパーツのダーツをぬっておく。耳を仮ぬいし、顔と前髪を仮ぬいする（42ページ⑥〜43ページ参照）。

③

後頭部と後ろ髪を重ねて仮ぬいする。それを②と中表にしてぬい合わせ、表に返す（44〜45ページ参照）。

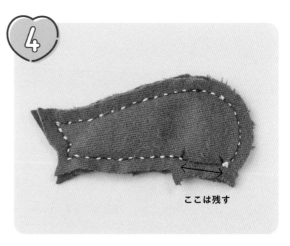

④

テールは2枚ずつ合わせ、わたのつめ口を残して周りを本返しぬいでぬう。

⑤ ④の先端のぬいしろは、表に返す時にじゃまになるのでカットする。

⑥ さらにぬいしろに約1cm間隔で切り込みを入れる。ぬった糸をカットしてしまわないように注意。

⑦ ⑥を表に返してわたをつめ、わたのつめ口をコの字とじでぬい合わせる。

⑧ 頭にわたをつめる。⑦を後頭部の好きな位置にコの字とじでぬいつける。

# おだんご ✏ （色：バイオレット）

## 材料

▸ ソフトボア（髪の毛用）
▸ ナイレックスまたはソフトボア（顔、耳用）
▸ 手ぬい糸
▸ 手芸わた

## 型紙

▸ おだんご
▸ 顔A、後頭部、耳

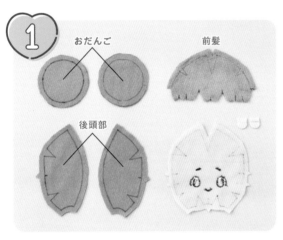

型紙を使って布をカットする。後頭部とおだんごはソフトボア1枚、前髪はソフトボア2枚を貼り合わせる。

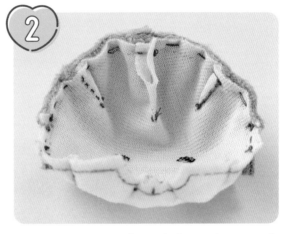

すべてのパーツのダーツをぬっておく。耳を仮ぬいし、顔と前髪を仮ぬいする（42ページ⑥〜43ページ参照）。

後頭部と後ろ髪を重ねて仮ぬいする。それを②と中表にしてぬい合わせ、表に返す（44〜45ページ参照）。

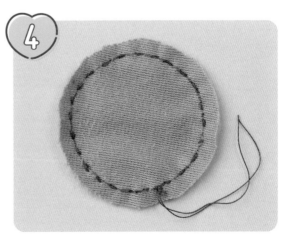

おだんご1枚は仕上がり線の上をなみぬいでぬう。ぬい終わりは玉どめをしないで、糸を7〜8cm残しておく。

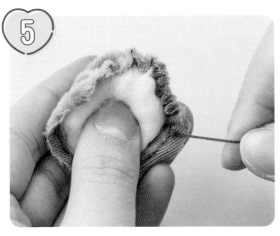

④の仕上がり線の内側にわたを入れながら、残しておいた糸を引き絞ってぬいしろを内側にかくすように丸くする。

引き絞ったら糸を結んでとめる。もう1枚のおだんごも同じように作る。

## POINT ★

引き絞るとぬい目は見えなくなる。玉どめした部分を⑦で頭側にくっつけてぬいつける。

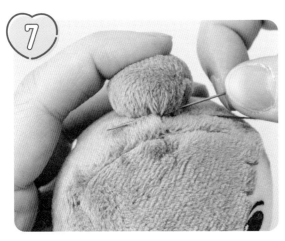

頭にわたをつめる。⑥のおだんご2つは、後頭部の左右の好きな位置にコの字とじでぬいつける。

# ポニーテール ＼ （色:インディゴ）

### 材料

▸ ソフトボア（髪の毛用）
▸ ナイレックスまたはソフトボア（顔、耳用）
▸ 手ぬい糸
▸ 手芸わた

### 型紙

▸ ポニーテール
▸ 顔A、後頭部、耳

---

①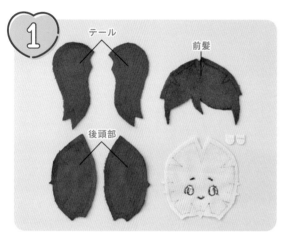

型紙を使って布をカットする。後頭部とテールはソフトボア1枚、前髪はソフトボア2枚を貼り合わせる。

②

すべてのパーツのダーツをぬっておく。耳を仮ぬいし、顔と前髪を仮ぬいする（42ページ⑥〜43ページ参照）。

③

後頭部と後ろ髪を重ねて仮ぬいする。それを②と中表にしてぬい合わせ、表に返す（44〜45ページ参照）。

④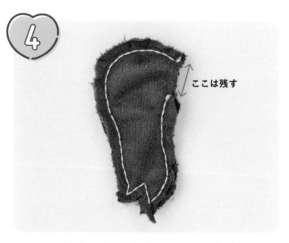

テール2枚を重ね、わたのつめ口を残して周りを本返しぬいでぬう。ぬいしろの先端はカットしておく（85ページ⑤参照）。

⑤

を表に返してわたをつめ、わたのつめ口をコの字とじでとじる。

⑥

の頭にわたをつめる。 のテールを後ろ中心にコの字とじでぬいつける。 高さは好きな位置でOK！

# 三つ編み✎（色:モスグリーン）

## 材料

▶ ソフトボア（髪の毛用）
▶ ナイレックスまたはソフトボア（顔、耳用）
▶ 手ぬい糸
▶ 手芸わた

## 型紙

▶ 三つ編み
▶ 顔B、額、後頭部、耳
※写真は中サイズで説明していますが小サイズでも同じ作り方です。

---

### ①

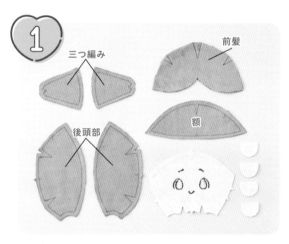

型紙を使って布をカットする。後頭部と額、三つ編みはソフトボア1枚、前髪はソフトボア2枚を貼り合わせる。

### ②

すべてのパーツのダーツをぬっておく。耳を仮ぬいし、顔と額をぬい合わせる（53ページ⑤〜54ページ⑦参照）。

### ③

後頭部2枚は中表にしてぬう（44ページ⑩参照）。それを②と中表に重ねてぬい合わせ、表に返す（45ページ参照）。

### ④

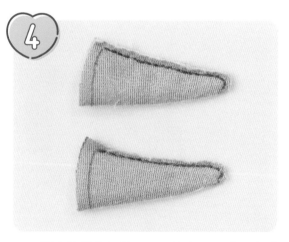

三つ編みは半分に折って、わたのつめ口を残してぬう。2枚とも同じようにする。そのあとぬいしろを半分くらいの幅に切り落とす。

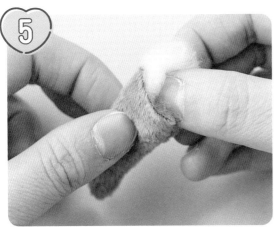

⑤

④を表に返し、先端にわたを入れる。

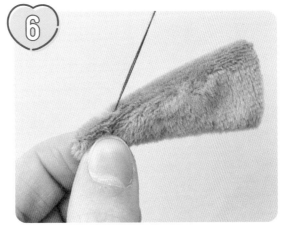

⑥

先端から1/4のところに裏から針を出す。

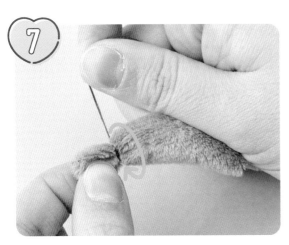

⑦

糸を引っ張りながら3周くらい巻く。先端の
毛束ができるので、巻いた部分に針を刺す。
次は先端から1/2のところに針を出す。

⑧

2つめ、3つめも⑤〜⑦と同じようにわたを
つめながら絞る。

3か所巻いたら最後もわたをつめて、口はコ
の字とじでとじる。もうひとつも同じように
作る。

頭にわたをつめたら、前髪の裏側に接着剤を
つけて、頭頂部に合わせて貼る。

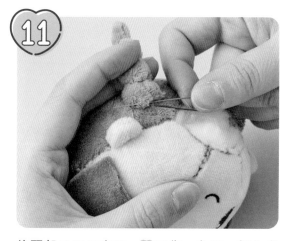

後頭部の下の方に、⑨で作った三つ編みを
コの字とじでぬいつける。もうひとつも反対
側に同じようにぬいつける。

POINT

三つ編みをつける位置は、お好みで調整する。

# けもみみ（イヌ） ✏️ （色:ライトブラウン）

### 材料

▶ ソフトボア（髪の毛用）

### 型紙

▶ けもみみ

※みみ部分以外は好きな髪型でOK！　写真はけもみみ＋ショートです。

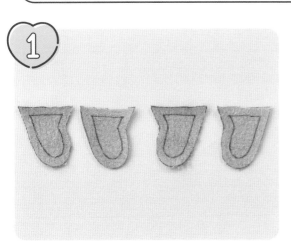

型紙を使って布をカットする。

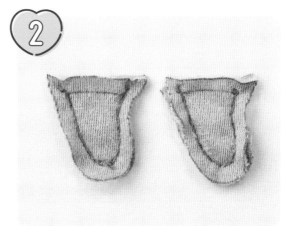

2枚ずつ合わせ、わたのつめ口を残して周りをぬう。表に返す。

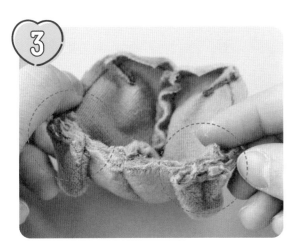

後ろ髪と後頭部を重ねて仮ぬいする（44ページ参照）。②のみみをつける位置を考えながら後ろ髪の外側に仮ぬいする。

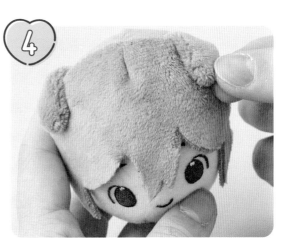

③と顔をぬい合わせて表に返し（45ページ参照）、わたをつめる。みみを前に倒して接着剤で貼りつける。

## ✦ Vol.3 髪型編 ✦

### Q もっと推しの髪型に近づけたい！

**A** 髪型に使った生地を、細長い葉っぱ型や三日月型にカット。それを毛束に見立てて貼り、毛の流れをつけると印象が変わります。また、ツートンカラーやメッシュなども、同じように毛束に見立てた布を貼ることで実現できます。

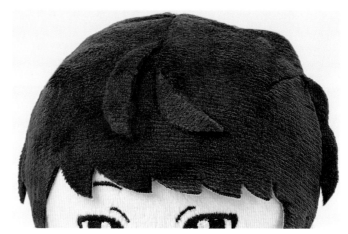

三日月型に切った毛束を貼ると、雰囲気が変わる。

### Q インナーカラーを作りたい

**A** この本では、前髪や後ろ髪など裏が見えて気になりそうな部分はソフトボア2枚を貼り合わせ使用しています。その際、内側と外側の布色を変えれば、手軽にインナーカラーが楽しめます。

### Q 理想の色の生地がない！　どうしたらいいですか？

**A** まずは、なるべく近い色の生地を探しましょう。生地サンプルを購入できる生地もあるので、参考にしてもよいでしょう。手間はかかりますが、ポリエステル生地を自分で染められる染料で、自分で染めて思い通りの色を作っても。

### Q 布が厚くてぬいにくい！薄い布にしてもいいですか？

**A** この本の髪型の作り方は、数枚重ねてぬうことが多いので、流れるようにサクサクぬうのは難しいかもしれません。ひと針ひと針、針を布に垂直に刺しながらぬうと確実です。薄い布でも作れますが、ほつれやすい布を使うときは、ほつれ止め液を使いましょう（32ページ参照）。

# PART ③

# 洋服の作り方

洋服は複数のパーツに分かれています（前身頃は洋服の前側の部分、後ろ身頃は洋服の後ろ側の部分です）。型紙と作り方の説明を見比べながら、必要なパーツを切り出しましょう。

[きれいに仕上げるために]
※仕上がり線で内側に折るときは、アイロンをかけると、ぬいやすく、きれいにできます。
※カーブがきつい部分はぬいしろに切り込みを入れてから、仕上がり線で内側に折ってぬうと、きれいに仕上がります。

# Tシャツ
# 中サイズ・すわり用

## 材料

- ナイレックス、または好みの布
- 薄型面ファスナー（貼るタイプ）
- 手ぬい糸

## 型紙

- Tシャツ（中サイズ・すわり用）

---

**①**

Tシャツ（中サイズ・すわり用）の型紙を使い、生地をカットする。

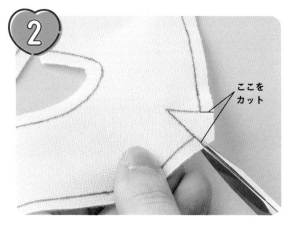

**②**

V字になっている部分（脇の下部分）4か所のラインの延長線上を、仕上がり線までカットする。仕上がり線より深く切り過ぎないように注意。

ここを
カット

**③**

身頃の裾、袖口になる部分、首回りをすべて仕上がり線で内側に折り、ぬいしろの中心を本返しぬいでぬう。

**④**

後ろ身頃の端（背中心）も裾や袖口と同じように、仕上がり線で内側に折って本返しぬいでぬう。

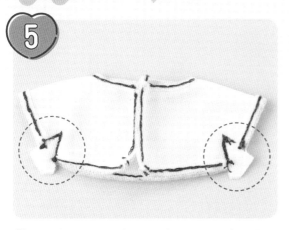

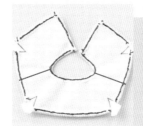

**5**

**POINT**

写真の赤線で折る。
折った部分が肩の線に
なる。

❹を中表に半分に折り、脇の下のV字になっ
ている仕上がり線上を本返しぬいでぬう。

**6**

V字部分の飛び出ている布をカットする。そ
のままにしておくと、表に返したときにじゃ
まになる。

**7**

V字部分の中心（型紙の線）に仕上がり線ギ
リギリまで切り込みを入れる。表に返す。

**POINT**

糸を切らないように注意しながらギリギリ
までしっかり切り込みを入れると、袖の形
がきれいになり腕が通りやすい。

**8**

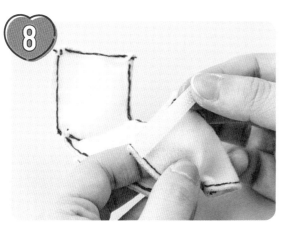

後ろ身頃の端に面ファスナーを貼る。

# Tシャツ
# 小サイズ用

### 材料

▶ ナイレックスまたは好みの
  布
▶ 薄型面ファスナー（貼るタ
  イプ）
▶ 手ぬい糸

### 型紙

▶ Tシャツ（小サイズ用）

---

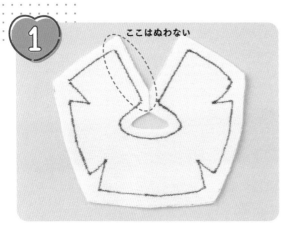

ここはぬわない

Tシャツ本体は96〜97ページ**7**までを参考にTシャツ（中サイズ・すわり）と同じように作る。ただし、後ろの左端はぬわずに残す。

面ファスナーの土台は三方を仕上がり線で内側に折って、ぬいしろの中心を本返しぬいでぬう。

**1**を表に返す。**1**の写真の点線部分に**2**でぬわなかった辺を中表に重ねて本返しぬいでぬいつける。

**3**でつけた土台を開いてから、土台の表側と、もう片方の端の裏側に面ファスナーをつける。

# パーカ〈かぶれるタイプ〉 中サイズ・すわり用

## 材料

- ▶ ナイレックスまたは好みの布
- ▶ 薄型面ファスナー（貼るタイプ）
- ▶ 手ぬい糸

## 型紙

- ▶ パーカ〈かぶれるタイプ〉（中サイズ・すわり用）

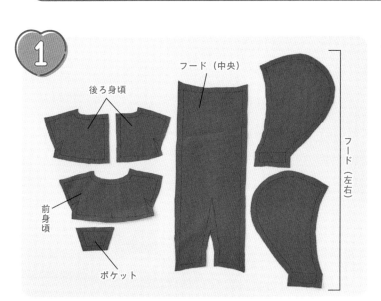

**①**

後ろ身頃
フード（中央）
フード（左右）
前身頃
ポケット

パーカ〈かぶれるタイプ〉の型紙を使い、生地をカットする。

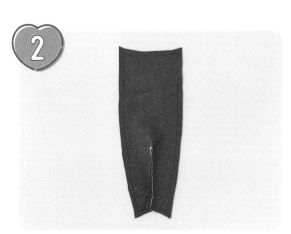

**②**

フード（中央）のダーツをぬう。

**③**

②の両側にフード（左右）のカーブがきつい方をそれぞれ中表にして本返しぬいでぬい合わせる。

**4**

フードの縁を仕上がり線で内側に折って、ぬいしろの中心を本返しぬいでぬう（写真は表に返したところ）。

**5**

フードの下側も仕上がり線で内側に折って、ぬいしろの中心を本返しぬいでぬう。

**6**

前身頃と後ろ身頃の首回り、裾、後ろ身頃の端（背中心）も仕上がり線で内側に折って、ぬいしろの中心を本返しぬいでぬう。

**7**

前身頃と後ろ身頃を重ねて脇の下を本返しぬいでぬう。写真の赤線部分に切り込みを入れる。

**8**

**7**でぬったラインで袖を開いて、袖口を仕上がり線で内側に折り、前身頃から後ろ身頃まで一直線にぬいしろの中心を本返しぬいでぬう。

**9**

**8**をもう一度戻して前身頃と後ろ身頃を重ね、肩のラインを本返しぬいでぬう。

ポケットは左右を仕上がり線で内側に折って本返しぬいでぬう。

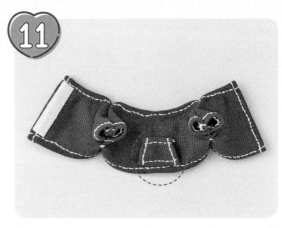

⑩の上下を仕上がり線で内側に折って、前身頃の中心に本返しぬいでぬいつける。型紙の位置で面ファスナーをつける。

後ろ身頃の左右と前身頃の首回り、フード外側の下部分に面ファスナーをつける。

**POINT**

着せるときは前身頃の中央から左右どちらか一方だけフードをつけておいて片腕を通し、反対側はフードをつけながら着せる。102ページのかぶれないタイプのフードと取り替えることもできる。

# パーカ〈かぶれないタイプ〉中サイズ・すわり用

### 材料

- ▶ ナイレックスまたは好みの布
- ▶ 薄型面ファスナー（貼るタイプ）
- ▶ 手ぬい糸

### 型紙

- ▶ パーカ〈かぶれないタイプ〉（中サイズ・すわり用）

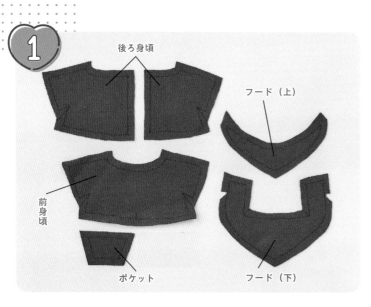

**①** パーカ〈かぶれないタイプ〉の型紙を使い、生地をカットする。

後ろ身頃 / フード（上） / 前身頃 / ポケット / フード（下）

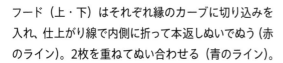

**②**

*POINT*

フードの先端を合わせて重ねる。

フード（上・下）はそれぞれ縁のカーブに切り込みを入れ、仕上がり線で内側に折って本返しぬいでぬう（赤のライン）。2枚を重ねてぬい合わせる（青のライン）。

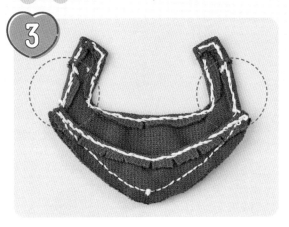

(3)

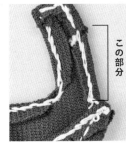

この部分

**POINT**

フードの付け根から1cmほど、ぬいしろがそのままになっている部分をぬう。

両端の残っていたぬいしろ部分を、仕上がり線で内側に折って本返しぬいでぬう。

(4)

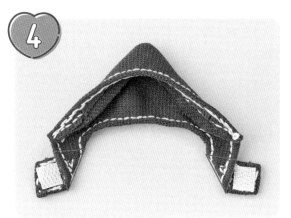

**POINT**

型紙の点線部分を折る。折った部分が開かないように2、3回針を出し戻ししてぬい止める。

フードを表に返し、両端を三角に折ってぬい止め、折り返した部分に面ファスナーを貼る。

(5)

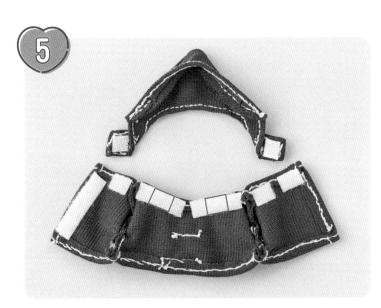

身頃は〈かぶれるタイプ〉(100ページ❻〜101ページ⓫)と同様に作る。使いまわしもできるが、〈かぶれないタイプ〉のみにする場合は写真の四角で囲んだ部分だけに面ファスナーをつける。

**POINT**

着せるときは先に身頃を着せて、首の後ろからパーカをつけ、最後に後ろ身頃の面ファスナーをとめる。

# 着ぐるみ 中サイズ用

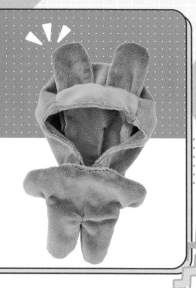

## 材料

▶ ソフトボアまたは好みの布
▶ 薄型面ファスナー（貼るタイプ）
▶ 手ぬい糸

## 型紙

▶ 着ぐるみ（中サイズ用）
▶ 耳（2種類から選ぶ）・しっぽはつけたい場合のみ

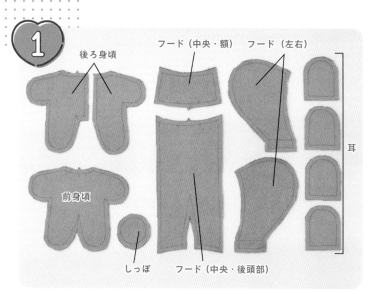

**①**

後ろ身頃　フード（中央・額）　フード（左右）

前身頃

しっぽ　フード（中央・後頭部）

耳

着ぐるみ（中サイズ用）の型紙を使い、生地をカットする。

**②**

フード（中央・後頭部）のダーツを本返しぬいでぬう。

**③**

耳をつける場合は好きな長さのものを2枚ずつ重ねて本返しぬいでぬう。

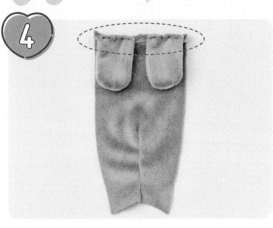

**4**

耳を表に返して、**2**のフードの表側、ダーツとは反対側に、耳の端とフードの仕上がり線を合わせて仮ぬいする。

**5**

**POINT**

フードの後頭部と額の間に耳が挟まっている状態になる。

**4**のフード（中央・後頭部）とフード（中央・額）を中表にして重ね、耳ごと本返しぬいでぬい合わせる。

**6**

**5**の両側にフード（左右）のカーブがきついほうをそれぞれに中表にしてぬい合わせる。周囲を仕上がり線で内側に折ってぬいしろの中心を本返しぬいでぬう。

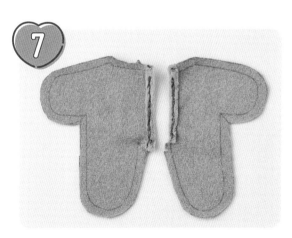

**7**

後ろ身頃の背中心をそれぞれ内側に折ってぬいしろの中心を本返しぬいでぬう。

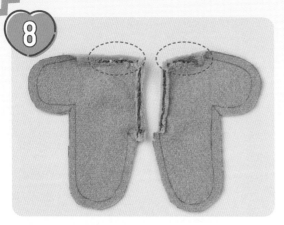

**8**

❼の首回りを仕上がり線で内側に折ってぬう。前身頃の首回りも同様に内側に折ってぬいしろの中心を本返しぬいでぬう。

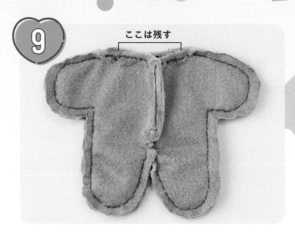

**9**

ここは残す

前身頃と後ろ身頃を中表にして重ね、首部分は残して、ぐるっと1周本返しぬいでぬい合わせる。表に返す。

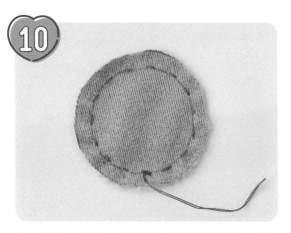

**10**

しっぽをつけたい場合は、仕上がり線の上をなみぬいでぬい、わたを入れて絞る（87ページ参照）。

**11**

❿のしっぽを、お尻のお好みの位置にコの字とじでぬいつける。

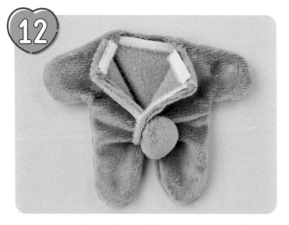

**12**

フードの外側、身頃の首回りの内側、背中側にそれぞれ面ファスナーをつける。好みでフードをつけたりはずしたりできる。

**POINT**

フードの面ファスナーは、101ページ⓬のパーカのフードと同じ位置につける。

# 着ぐるみ すわり用

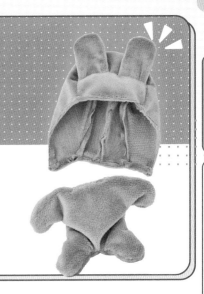

## 材料

- ▶ ソフトボアまたは好みの布
- ▶ 薄型面ファスナー（貼るタイプ）
- ▶ 手ぬい糸

## 型紙

- ▶ 着ぐるみ（すわり用）
- ▶ 耳（2種類）としっぽはつけたい場合のみ

**①**

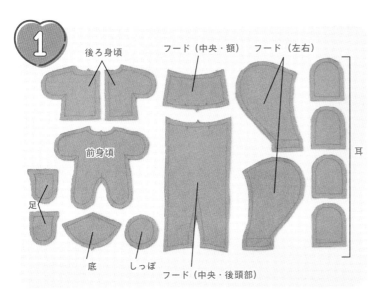

後ろ身頃　フード（中央・額）　フード（左右）

前身頃

足

底　しっぽ

フード（中央・後頭部）

耳

着ぐるみ（すわり用）の型紙を使い、生地をカットする。

**②**

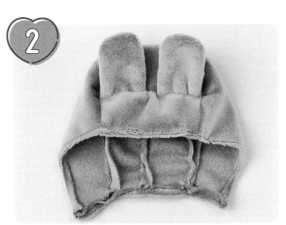

フードは中サイズ用と同じように作る（104ページ❷〜105ページ❻参照）。

**③**

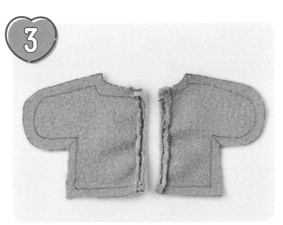

後ろ身頃は背中心を仕上がり線で内側に折って、ぬいしろの中心を本返しぬいでぬう。

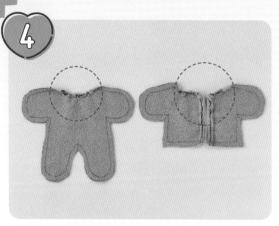

POINT
左右の後ろ身頃の背中心の下の角を合わせて仮どめし、❺で底の合印と合わせる。

後ろ身頃と前身頃の首回りを仕上がり線で内側に折って、ぬいしろの中心を本返しぬいでぬう。

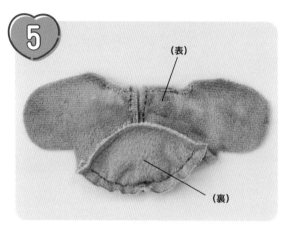

（表）

（裏）

左右の後ろ身頃の下側と底のカーブ側を中表にして本返しぬいでぬう。

❺でぬった底の反対側と足を中表にして本返しぬいでぬい合わせる。

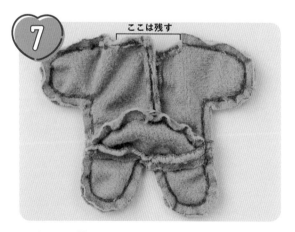

ここは残す

前身頃と❻でぬった後ろ身頃を中表にして首部分は残し、ぐるっと1周本返しぬいでぬい合わせる。

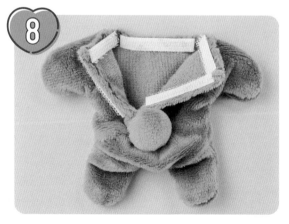

フードの外側、身頃の首回りの内側に面ファスナーを貼る。好みでしっぽを作ってぬいつける（106ページ❿〜⓫参照）。

# ポンチョ
# 中サイズ・すわり用

## 材料

- ▶ ソフトボアまたは好みの布
- ▶ リボン（4mm幅）
- ▶ 手ぬい糸

## 型紙

- ▶ ポンチョ（中サイズ・すわり用）

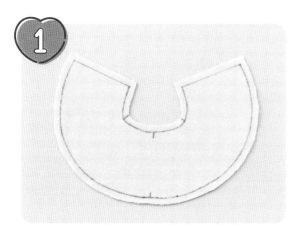

ポンチョ（中サイズ・すわり用）の型紙を使い、生地をカットする。

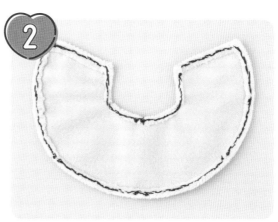

周囲をすべて仕上がり線で内側に折って、ぬいしろの中心を本返しぬいでぬう。

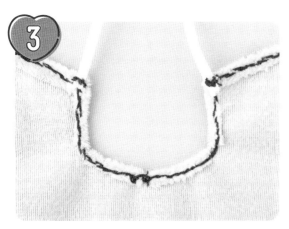

リボンの端にほつれ止め液を塗っておく。首回りの端にリボンを本返しぬいでぬいつける。

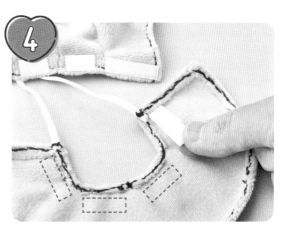

首回りに面ファスナーをつければ、パーカ（99ページ）や着ぐるみ（104ページ）のフードをつけることもできる。

# スカート
# 小サイズ・中サイズ・すわり用

**材料**

- ナイレックスまたは好みの布
- 薄型面ファスナー（貼るタイプ）
- 手ぬい糸

**型紙**

- スカート（小サイズまたは中サイズ用）
- ※どのサイズも作り方は同じです。

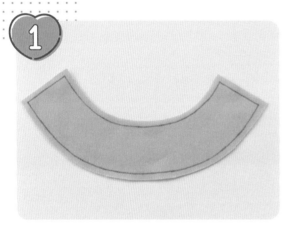

**①**

スカート（小サイズまたは中サイズ用）の型紙を使い、生地をカットする。

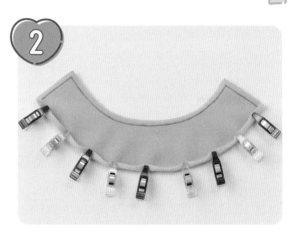

**②**

裾を仕上がり線で内側に折り、仮どめクリップでとめる。このようにぬうラインが長いときはクリップでとめるか、アイロンをかけるとよい。

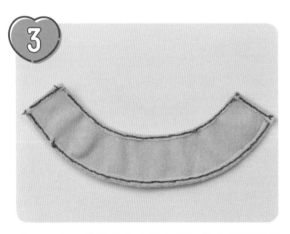

**③**

ウエスト、後ろ中心もそれぞれ仕上がり線で内側に折り返してぬいしろの中心を本返しぬいでぬう。

**④**

両端に面ファスナーを貼る。

# ワンピース
# 中サイズ・すわり用

## 材料

- ▶ ナイレックスまたは好みの色
- ▶ 薄型面ファスナー（貼るタイプ）
- ▶ 手ぬい糸

## 型紙

- ▶ ワンピース（中サイズ・すわり用）

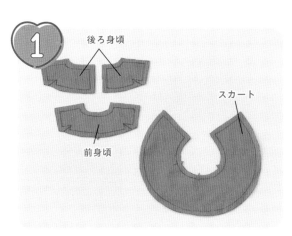

1️⃣ ワンピース（中サイズ・すわり用）の型紙を使い、生地をカットする。

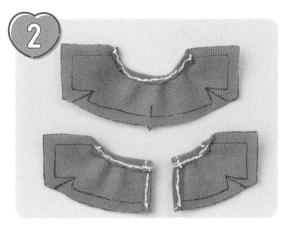

2️⃣ 後ろ身頃と前身頃の首回りは、仕上がり線で内側に折り、後ろ身頃の背中心も同様に折ってぬいしろの中心を本返しぬいでぬう。

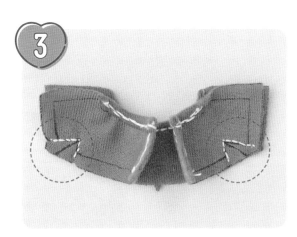

3️⃣ 前身頃と後ろ身頃を中表にして重ね、脇の下をぬって脇の下のぬいしろに切り込みを入れる。

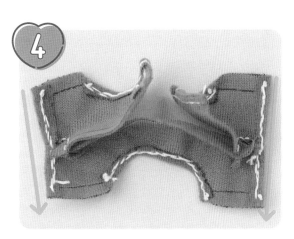

4️⃣ ③でぬったラインを開いて、袖口を仕上がり線で内側に折り、前身頃から後ろ身頃まで一直線にぬいしろの中心を本返しぬいでぬう。

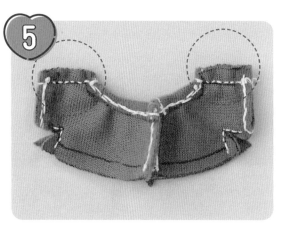

❹を戻して前身頃と後ろ身頃を重ね、肩の
ラインをぬう。

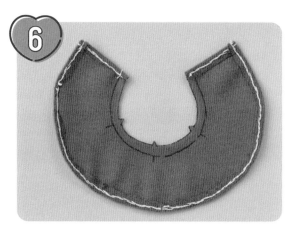

スカートの左右端、裾を仕上がり線で内側に
折ってぬいしろの中心を本返しぬいでぬう。

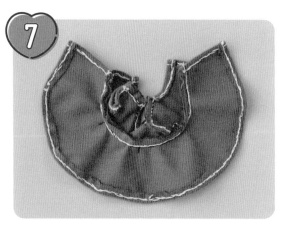

❺の裾と❻のウエストを中表にしてぬう。
後ろ身頃とスカートに面ファスナーを貼る。

**POINT**

スカートの中心と、上
半身の前中心の合印、
脇の下と2か所の合印
を合わせて、仮どめク
リップなどでとめてか
らぬうとよい。

# ズボン
# 小サイズ・中サイズ用

### 材料

- ▶ ナイレックスまたは好みの布
- ▶ 薄型面ファスナー（貼るタイプ）
- ▶ 手ぬい糸

### 型紙

- ▶ ズボン（小サイズまたは中サイズ）
- ※小サイズと中サイズの作り方は同じです。

① ズボン（小サイズまたは中サイズ用）の型紙を使い、生地をカットする。

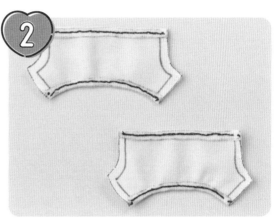

② 2枚はそれぞれ、ウエストと裾を内側に折ってぬう。

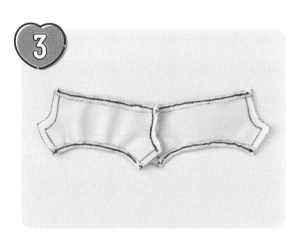

③ 2枚を中表にして重ね、片側のみ仕上がり線の上を本返しぬいでぬい合わせる。こちらが前中心となる。

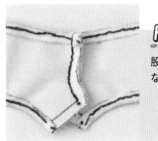

### POINT

股下の部分はまだぬわない。

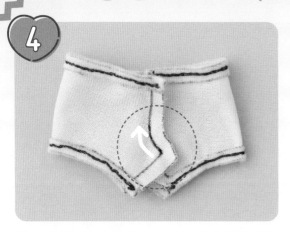

**4**

❸の反対側も中表に合わせ、股ぐりを下から1cm上に向かって本返しぬいでぬう。こちらが後ろ中心となる。

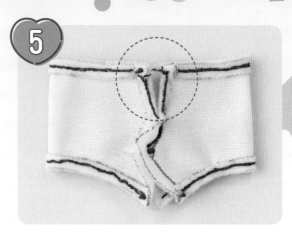

**5**

❹のぬいしろを開いて、❹でぬった部分より上を仕上がり線で折り、ぬいしろの中心を本返しぬいでぬう。

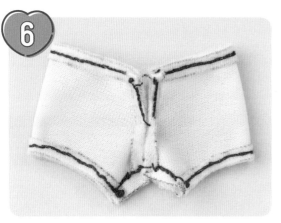

**6**

股下を開いて重ね、本返しぬいでぬい合わせる。

**POINT**

前側と後ろ側の股下の線を重ね、仕上がり線の上をぬう。

**7**

表に返し、後ろ中心の端に面ファスナーを貼る。

# ズボン
# すわり用

### 材料

▶ ナイレックスまたは好みの布
▶ 薄型面ファスナー（貼るタイプ）
▶ 手ぬい糸

### 型紙

▶ ズボン（すわり用）

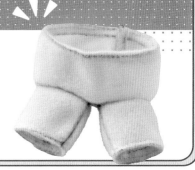

**1**

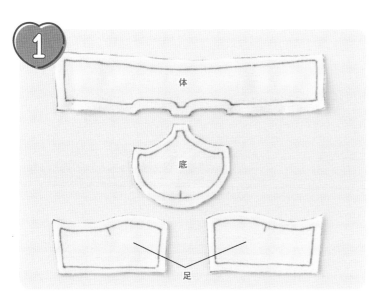

体

底

足

ズボン（すわり用）の型紙を使い、生地をカットする。

**2**

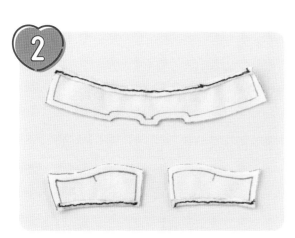

体のウエストと、足の裾は仕上がり線で内側に折り、ぬいしろの中心を本返しぬいでぬう。

**3**

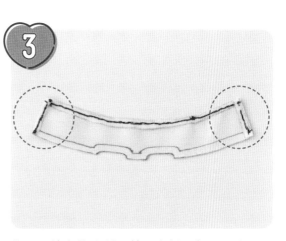

体の両端を仕上がり線で内側に折り、ぬいしろの中心を本返しぬいでぬう。ここでぬった部分が後ろ中心となる。

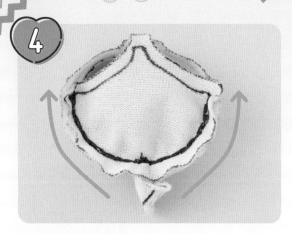

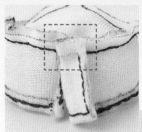

POINT

④〜⑤のあと、点線で囲んだ部分は仕上がり線で内側に折ってぬいしろの中心を本返しぬいでぬう。できあがりは写真下のようになる。本体にはぬい合わせないように注意。

④

底と③の体の合印を合わせて中表に重ね、中心から足の付け根に向かって左右それぞれをぬい合わせる。

⑤

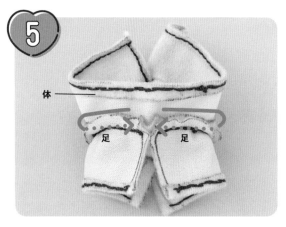

体

足　　足

足を、底の足のつけ根と合印で合わせて重ね、本返しぬいでぬいつける。

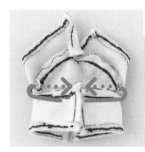

POINT

お尻側から見たところ。お尻の④でぬわなかった部分に足がつく。

⑥

股下を本返しぬいでぬう。

⑦

ズボン（体）の後ろ端に面ファスナーを貼る。

# OSHINUI ♡♡♡

# オーバーオール
# 中サイズ用

## 材料

▶ ナイレックスまたは好みの布
▶ 薄型面ファスナー（貼るタイプ）
▶ 手ぬい糸

## 型紙

▶ オーバーオール（中サイズ用）

**①**

肩紐

前当て　ポケット　ズボン

オーバーオール（中サイズ用）の型紙を使い、生地をカットする。

**②**

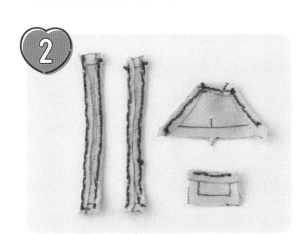

肩紐2本は長い辺を、前当ては上と両端を、ポケットは上を、それぞれ仕上がり線で内側に折り、ぬいしろの中心を本返しぬいでぬう。

**③**

ズボンの部分はズボン（113〜114ページ参照）と同じように作り、表に返す。ただしウエストはぬわないでおく。

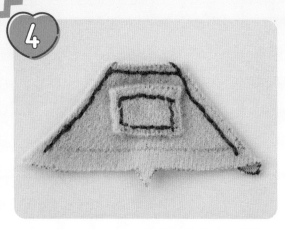

ポケットのぬっていない三辺を仕上がり線で
内側に折り、前当ての表側の中央に本返しぬ
いでぬいつける。

ズボンと前当ての合印を合わせて中表にして
重ね、仕上がり線の上を仮ぬいする。

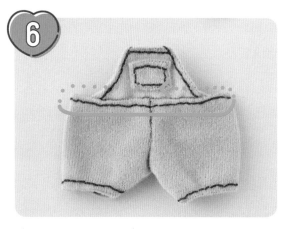

前当てごとウエスト部分を仕上がり線で折り、
ウエスト部分をぐるっとぬいしろの中心を本
返しぬいでぬう。

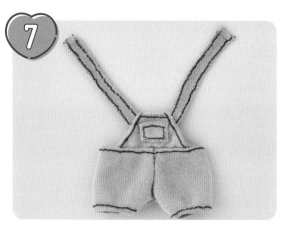

肩紐の片端を本返しぬいで前当てにぬいつける。

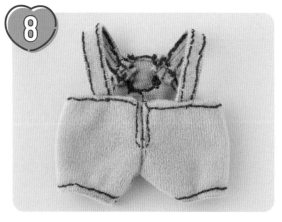

肩紐のもう片方の端をズボンの後ろ側に本返
しぬいでぬいつける。

ズボンの後ろ中心の端に面ファスナーを貼る。

# オーバーオール すわり用

## 材料

- ▶ ナイレックスまたは好みの布
- ▶ 薄型面ファスナー（貼るタイプ）
- ▶ 手ぬい糸

## 型紙

- ▶ オーバーオール（すわり用）
- ▶ ズボン（すわり用）の足と座面

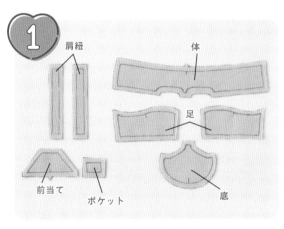

①

オーバーオール（すわり用）の型紙を使い、生地をカットする。

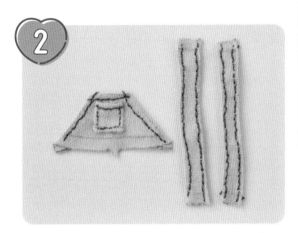

②

肩紐2本と前当て、ポケットは117ページ❷〜118ページ❹のオーバーオール中サイズ用と同様にぬう。前当てにポケットをぬいつける。

③

115〜116ページのズボン（すわり用）と同様にズボンを作る。ただしウエストはぬわないでおく。

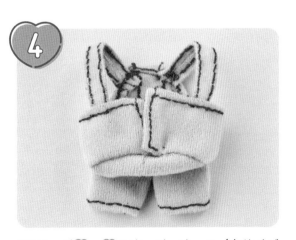

④

118ページ❺〜❽のオーバーオール（中サイズ用）と同様に前当てとズボンをぬい合わせ、肩紐もぬいつける。ズボンに面ファスナーを貼る。

# パンツ
# 中サイズ用

## 材料

- ナイレックスまたは好みの布
- リボン（4mm幅）
- 手ぬい糸

## 型紙

- パンツ（中サイズ用）

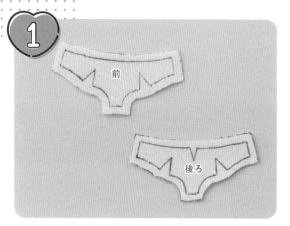

**1**

パンツ（中サイズ用）の型紙を使い、生地をカットする。

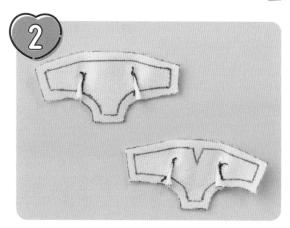

**2**

前と後ろのダーツを本返しぬいでぬう。

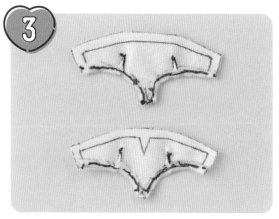

**3**

前と後ろの足回りを仕上がり線で内側に折り、ぬいしろの中心を本返しぬいでぬう。

### POINT

ウエストをぬう前に、ウエストのV字の部分（写真の点線部分）を三角形に切り取っておく。

**4**

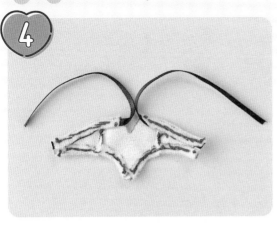

POINT ★

リボンはぬいつける前に、端にほつれ止め液を塗っておく。

後ろのウエストを仕上がり線で内側に折り、左右それぞれにリボンを挟み込んで、ぬいしろの中心を本返しぬいでぬう。

**5**

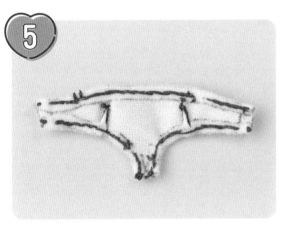

パンツ（前）のウエストを仕上がり線で内側に折り、ぬいしろの中心を本返しぬいでぬう。

**6**

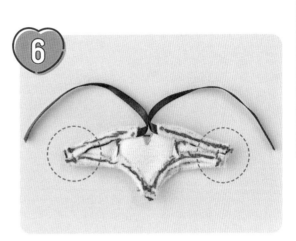

④と⑤を中表に重ね、両端を本返しぬいでぬい合わせる。表に返す。

**7**

リボンを結ぶ。

# パンツ
# 小サイズ用

## 材料

- ▶ ナイレックスまたは好みの布
- ▶ リボン（4mm幅）
- ▶ 手ぬい糸

## 型紙

- ▶ パンツ（小サイズ用）

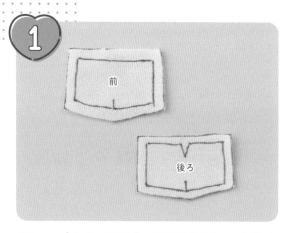

① パンツ（小サイズ用）の型紙を使い、生地をカットする。

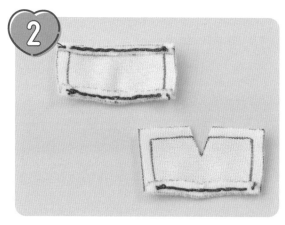

② 前のウエスト、後ろの足回りを仕上がり線で内側に折り、ぬいしろの中心を本返しぬいでぬう。後ろの切り込みを三角にカットする。

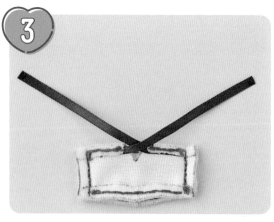

③ リボンの端にほつれ止め液を塗る。後ろのウエストを121ページ④と同様にリボンを挟んでぬう。前と後ろを中表にして脇を本返しぬいでぬう。

④ 表に返してから、股下に何度か糸を渡してぬい合わせる。リボンを結ぶ。

# OSHINUI ♥♥♥

# パンツ
# すわり用

## 材料

▶ ナイレックスまたは好みの
　布
▶ リボン（4mm幅）

## 型紙

▶ パンツ（すわり用）

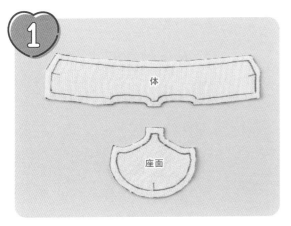

**1**

パンツ（すわり用）の型紙を使い、生地をカットする。

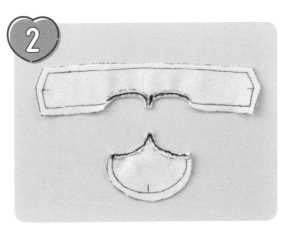

**2**

体と座面の足回り部分を仕上がり線で内側に折り、ぬいしろの中心を本返しぬいでぬう。

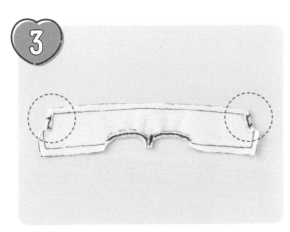

**3**

体の両端の合印で切り込みを入れ、それより上を仕上がり線で内側に折り、ぬいしろの中心を本返しぬいでぬう。

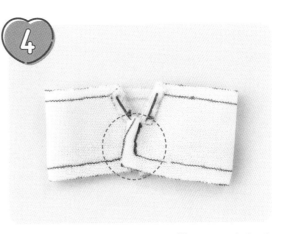

**4**

❸の端と端を中表に重ね、❸でぬった部分の下を本返しぬいでぬい合わせる。ここが前中心になる。

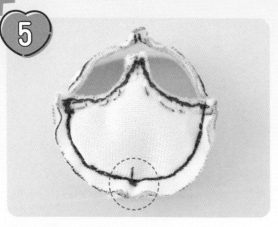

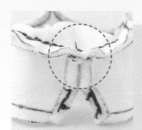

POINT
座面の合印と体の後ろ中心を合わせる。

座面の合印と体の合印を合わせて中表に重ね、座面のカーブの部分をぬう。

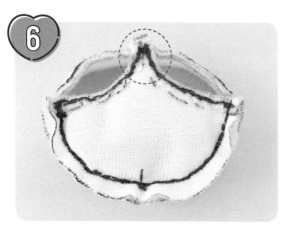

股を体の前中心に合わせ、中表に重ねて本返しぬいでぬい合わせる。

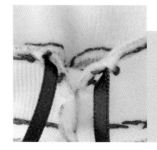

POINT
リボンはぬいつける前に、端にほつれ止め液を塗っておく。1cmほどリボンを挟み込んでぬえばOK。

ウエストは仕上がり線で内側に折り、後ろ中心に近い部分にリボンを挟み込んでぬいしろの中心を本返しぬいでぬう。表に返してリボンを結ぶ。

# くつ
## 中サイズ用

### 材料

▶ フェルト（茶、白）
▶ コルクボード
▶ ゴム紐（3mm幅） 5cm×2本

### 型紙

▶ くつ

※髪型によっては自立し
　ない場合があります。

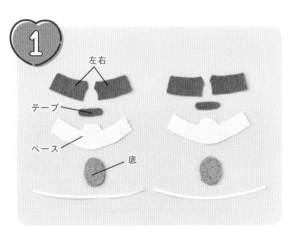

左右

テープ

ベース

底

くつの型紙を使い、底板はコルクボード、そ
れ以外はフェルトをカットする。ゴム紐を用
意する。

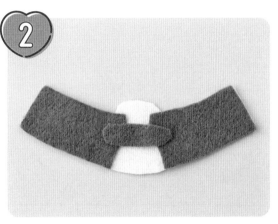

ベース（白）に、左右（茶）を重ねて接着剤
で貼り、さらに中央にテープ（茶）を重ねて
貼る。

コルクボードの側面に接着剤をつけ、❷を
巻きつけて貼る。後ろ中心の重なりを接着剤
で貼りとめる。

下から3mmまで接着剤をぬり、ゴム紐をつ
ける。もう一足も同様に作る。

# Tシャツ、スカート、ズボン
# アレンジアイデア

## ＼ Tシャツにえりをつけてアレンジ！ ／

### ほつれやすい布は端にほつれ止め液をぬって使いましょう。

## パジャマ

リリヤン糸がパジャマ
らしさを出しているよ！

ぬいしろは切り取るか折ってぬう

Tシャツの型紙を使って布を
切り、袖まわりのぬいしろ分
を処理し、リリヤン糸を接着
剤でつける。

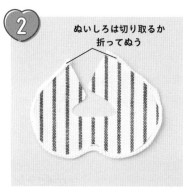

ぬいしろは切り取るか
折ってぬう

パジャマのえりの型紙を使っ
て布を切り、縁のぬいしろを
処理してリリヤン糸を接着剤
でつける。

首回りは折ってぬうか貼る

Tシャツのえりに合わせて❷の
パーツをつけ、首回りをぬいし
ろ分折り返して処理する。あと
はTシャツの作り方と同じ！

## セーラー

Tシャツとえりの布はいろいろ
な組み合わせを楽しんで！

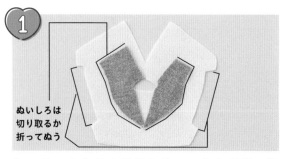

ぬいしろは
切り取るか
折ってぬう

セーラーのえりの型紙を使って布を切り、縁
のぬいしろを処理してTシャツの型紙を使って
切った布のえりの周りに接着剤でつける。Tシャ
ツの袖まわりもぬいしろ分を処理する。

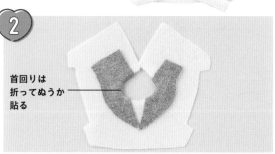

首回りは
折ってぬうか
貼る

首回りをぬいしろ分折り返して処理する。あ
とはTシャツの作り方と同じ！

# Tシャツその他

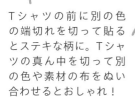

Tシャツの前に別の色の端切れを切って貼るとステキな柄に。Tシャツの真ん中を切って別の色や素材の布をぬい合わせるとおしゃれ！

Tシャツのえりに合うように三角に切った布を接着剤で貼るだけで、簡単えりつきシャツが完成！

Tシャツとスカート、ズボンを同じ生地や色で作るとセットアップに！

Tシャツにフェルトで作ったモチーフやネイルパーツなどを貼ると一気に個性が出るよ！

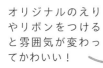

オリジナルのえりやリボンをつけると雰囲気が変わってかわいい！

# スカート

スカートはお好みの生地を使ってお気に入りを作ろう！

# ズボン

柄物やジーンズ生地などいろいろ作ってみて。小さなボタンは接着剤で簡単につけられるよ！

著者 **グッズプロ**（グッズプロ）

ぬいぐるみ制作用の布、綿、糸などのほか、手芸用品全般を豊富に取り揃える専門店。発送がとても早く、ぬい作りをする人々の支えとなっている。ぬいぐるみパターンが印刷されている生地「ぬいパタ」は発売後すぐに品切れになるなど、作り手のニーズを捉えた商品が人気となっている。
https://lit.link/goodspro
Twitter：@goods_pro

監修者 **まろまゆ**（まろまゆ）

SNSで型紙の無料配布や作り方の解説などを行い、フォロワーからの質問にもていねいに答え、ぬい作り初心者には欠かせない存在に。イラストメイキングを公開しているYouTubeはチャンネル登録者数3.5万人と人気を集めている。
Twitter：@maromayu328saix
YouTube：@user-ht2xp1zn5o

監修者 **たきゅーと**（たきゅーと）

「女子中学生ぬいものアイドルたきゅーと」としてYoutube・SNSでぬいぐるみの作り方の解説や型紙の配布などを行う。初心者がつまずきがちなポイントの分かりやすい解説とキャラクターの面白さで、推しぬい作りに挑戦したい人はまず最初に見るチャンネルとなっている。
YouTube：@tacute
Twitter：@tacute3

| | |
|---|---|
| ぬいぐるみ・洋服 まろまゆ デザイン | |
| 制作 | 藤堂佳苗、長谷川清美、鬼頭由莉、足立ひなた、吉田美帆、伊藤直美and GoodsPro all members |
| 撮影 | 竹内浩務、奥村亮介（スタジオバンバン） |
| 撮影協力 | 株式会社ミニチュアスタジオ |
| カバー・本文デザイン | 能勢明日香 |
| DTP | スタジオダンク、徳本育民 |
| 型紙制作 | 株式会社ウエイド手芸制作部 |
| ぬいぐるみ・洋服制作 | 渋谷 香、北條雅子（ミシン工房ハチドリ）、堀内由香、木村佳子（株式会社ほつま）、西脇奈美、室伏真央 |
| 刺しゅう図案 | ひかげすみひと、水口ゆのん |
| イラスト | 小池 百合穂 |
| 刺しゅう制作 | kuqi |
| 編集 | スタジオダンク、田口香代 |

# はじめてでも絶対作れる！かわいい推しぬい＆ぬい服

| | |
|---|---|
| 著　者 | グッズプロ |
| 監修者 | まろまゆ、たきゅーと |
| 発行者 | 若松和紀 |
| 発行所 | 株式会社 **西東社** |
| | 〒113-0034　東京都文京区湯島2-3-13 |
| | https://www.seitosha.co.jp/ |
| | 電話　03-5800-3120（代） |
| | ※本書に記載のない内容のご質問や著者等の連絡先につきましては、お答えできかねます。 |

ISBN 978-4-7916-3222-0